COLLECTION MICHEL LÉVY
— 1 franc le Volume —
1 franc 25 centimes dans les gares de chemins de fer et à l'Étranger

GEORGE SAND
— ŒUVRES —

L'HOMME DE NEIGE

II

PARIS
MICHEL LÉVY FRÈRES, LIBRAIRES-ÉDITEURS
RUE VIVIENNE, 2 BIS

1861

COLLECTION MICHEL LÉVY

ŒUVRES

DE

GEORGE SAND

OUVRAGES

DE

GEORGE SAND

Parus dans la Collection Michel Lévy

André...	1	vol.
La comtesse de Rudolstadt......................	2	—
Consuelo...	3	—
La dernière Aldini...............................	1	—
François le Champi...............................	1	—
Histoire de ma vie................................	10	—
L'Homme de Neige.................................	3	—
Horace..	1	—
Jacques...	1	—
Jeanne..	1	—
Lelia..	2	—
Lettres d'un Voyageur............................	1	—
Lucrezia Floriani.................................	1	—
La Mare au Diable.................................	1	—
Mauprat...	1	—
Le Meunier d'Angibault...........................	1	—
Le Péché de M. Antoine...........................	2	—
La Petite Fadette.................................	1	—
Le Piccino...	2	—
Le Secrétaire intime.............................	1	—
Simon..	1	—
Teverino. — Léone Léoni.........................	1	—
Valentine...	1	—

— Troyes, typ. et stér. de G. Bertrand. —

L'HOMME DE NEIGE

PAR

GEORGE SAND

DEUXIÈME SÉRIE

NOUVELLE ÉDITION

PARIS
MICHEL LÉVY FRÈRES, LIBRAIRES-ÉDITEURS
RUE VIVIENNE, 2 BIS
1861
Tous droits réservés

L'HOMME DE NEIGE

VI

Après quelques instants de repos, Cristiano, que nous appellerons désormais Christian, reprit son récit en ces termes :

— Cependant je ne dois pas oublier de vous dire quelle intéressante rencontre me réconcilia durant quelques jours avec le métier d'artiste ambulant. Ce fut celle d'un homme fort extraordinaire qui jouit à Paris maintenant de la plus honorable position, et dont le nom est sans doute venu jusqu'à vous. Je veux parler de Philippe Ledru dit *Comus*.

— Certainement, répondit M. Goefle, j'ai vu, dans mon journal scientifique, que cet habile prestidigitateur était un très-grand physicien et que ses expériences sur l'aimant venaient d'enrichir la science d'instruments nouveaux d'une rare perfection. Y suis-je?

— Vous y êtes, monsieur Goefle. M. Comus a été nommé professeur des Enfants de France : il a établi des cartes nautiques sur un système nouveau, qui est le résultat de travaux immenses, entrepris par l'ordre du roi ; il a fourni des exemplaires manuscrits de ces cartes nautiques à M. de la Pérouse. Enfin, depuis le jour où je le rencontrai sur les chemins, donnant au public le spectacle d'un pauvre savant qui répand l'instruction sous forme de divertissement, il a conquis rapidement l'estime générale, la faveur des ministres et les moyens d'appliquer le fruit de ses hautes connaissances à de grands résultats.

» Il m'arriva donc de rencontrer l'illustre Comus, non pas tout à fait sur la place publique de Lyon, mais dans un local destiné à diverses représentations d'*operanti* ambulants, que chacun de nous allait louer pour son compte. Habitué aux façons ridicules ou grossières de ces sortes de concurrents, je me tenais, comme toujours, sur le qui-vive, quand Comus m'aborda le premier avec des manières dont le charme et la distinction me frappèrent. C'était un homme d'environ trente-cinq ans, d'une constitution magnifique, aussi vigoureux de corps que d'esprit, aussi agile de ses membres qu'il était facile et attachant dans son langage, enfin un de ces êtres admirablement doués qui doivent sortir de l'obscurité. Il s'enquit de mon industrie et parut étonné que je fusse assez instruit pour pouvoir causer avec lui. Je lui confiai les circonstances où je me trouvais, et il me prit en amitié.

» Quand il eut assisté à notre représentation, à laquelle il prit grand plaisir, il nous invita à voir la sienne, dont je tirai grand profit ; car il avait plusieurs *secrets* qui sont bien à lui et qui ne sont autres qu'une application, entre mille, de découvertes d'une rare importance. Il voulut bien me les expliquer, et, me trouvant assez capable, il m'offrit de partager ses destins et ses aventures. Je refusai à regret et à tort : à regret, parce que Comus était un des hommes les meilleurs, les plus désintéressés et les plus sympathiques que j'aie jamais connus ; à tort, parce que ce physicien ambulant devait trouver bientôt l'emploi utile et sérieux de ses grands talents. J'avais juré à Massarelli de ne pas l'abandonner, et Massarelli n'avait aucune inclination pour les sciences.

» Cette rencontre, dont je ne sus pas profiter pour

mes intérêts matériels, me fut cependant si utile au point de vue moral, que je bénirai toujours le ciel de l'avoir faite. Il faut que je vous résume aussi brièvement que possible les avis que cet habile et excellent homme voulut bien me donner, gaiement, amicalement, sans pédantisme, durant un sobre souper que nous fîmes ensemble à l'auberge, au milieu des caisses qui contenaient notre bagage : nous devions nous séparer le lendemain.

» —Mon cher Goffredi, me dit-il, je regrette de vous quitter si vite, et le chagrin que vous en éprouvez, je le partage véritablement. Le peu de jours que nous avons passés ensemble m'a suffi pour vous connaître et vous apprécier; mais ne soyez pas inquiet ni découragé de votre avenir. Il sera beau s'il est utile ; car, voyez-vous, je vais vous tenir un langage tout opposé à celui du monde, et dont vous reconnaîtrez le bon sens, si vous faites comme je vous conseille. D'autres vous diront : «Sacrifiez tout à l'ambition.» Moi, je vous dis : « Sacrifiez avant tout l'ambition, » comme l'entend le monde, c'est-à-dire ne vous souciez ni de fortune ni de renommée; marchez droit vers un seul but, celui d'éclairer vos semblables, n'importe dans quelle condition et par quel moyen. Tous les moyens sont beaux et nobles quand ils ont ce but. Vous n'êtes qu'un bouffon, et, moi, je ne suis qu'un sorcier! Rions-en et continuons, puisque les marionnettes et la fantasmagorie nous servent à de bonnes fins. Ce que je vous dis là, c'est le secret d'être heureux en dépit de tout. Pour moi, je ne connais que deux choses, et ces deux choses ne font qu'un seul et même précepte : aimer l'humanité et ne tenir aucun compte de ses préjugés. Mépriser l'erreur, c'est vouloir estimer l'homme, n'est-il pas vrai? Avec ce secret-là, vous vous trouverez toujours assez riche et assez illustre. Quant au temps perdu que vous regrettez, vous êtes assez jeune pour le regagner amplement. Moi aussi, j'ai été un peu frivole, un peu vain de ma jeunesse, un peu enivré de ma force. Et puis, après avoir un peu follement dépensé mon patriotisme et mes belles années, je me suis relevé, et je marche. Je suis vigoureusement constitué, vous l'êtes aussi. Je travaille douze heures par jour, et cela est possible à quiconque n'est pas chétif et souffreteux. Jetez-vous dans l'étude, et laissez les incapables chercher le plaisir. Ils ne le trouveront pas où ils croient, et vous le trouverez où il est, c'est-à-dire dans la paix de la conscience et dans l'exercice des nobles facultés.

» Là-dessus, Comus fit deux parts de l'argent de sa recette, une grosse et une petite : il garda pour lui la petite et envoya la grosse dans les hospices de la ville. Je fus bien frappé de la simplicité et de la gaieté avec lesquelles il fit ainsi l'emploi de son argent, en homme habitué à regarder cela comme un devoir indispensable, et dont il n'avait que faire de se cacher, tant la chose était naturelle. Je me reprochai d'avoir longtemps oublié que tout ce que disait et faisait là M. Comus, c'était l'enseignement et la pratique de mes chers Goffredi. C'est ainsi, monsieur Goefle, qu'un escamoteur ambulant prêcha et acheva de convertir un improvisateur de grands chemins.

» Nous arrivâmes à Paris : notre voyage avait duré trois mois, et je me le rappelle comme une des phases les plus agréables de ma vie. Je n'avais pas perdu mon temps en route, j'avais étudié avec soin la nature et la société dans ce qu'elles ont d'accessible à l'homme qui, sans être spécial, n'est pas plus obtus qu'un autre. J'avais pris des notes ; je m'imaginais que, dans la ville des lettres et des arts, rien ne me serait plus facile que de vivre de ma plume, ayant quelque chose à dire et me sentant la force de le dire.

» Nous entrâmes dans la grande ville par un temps d'automne sombre et triste. J'eus de la peine à me figurer qu'on pût s'habituer à ce climat, et Guido, dès les premiers pas, s'attrista et se démoralisa visiblement. Nous louâmes très-cher une misérable petite chambre garnie. Là, nous fîmes un peu de toilette, le théâtre fut démonté, et les *burattini* mis sous clef dans une caisse. Nous nous proposions de vendre notre établissement à quelque saltimbanque, et, pendant plusieurs jours, nous ne songeâmes qu'à prendre langue et à voir les monuments, spectacles et curiosités de la capitale française.

» Au bout de ces huit jours, notre mince capital était fort entamé, et le pis, c'est que je ne voyais en aucune façon le moyen de m'y prendre pour le renouveler. Je m'étais fait de grandes illusions, ou plutôt je ne m'étais fait aucune idée de ce que c'est qu'une véritable grande ville et de l'épouvantable isolement où y tombe un étranger sans ressources, sans amis, sans recommandations. Je m'informai de Comus, espérant qu'il me procurerait quelques relations. Comus n'était pas de retour de ses tournées, et n'avait encore acquis de réputation qu'en province. J'essayai de faire venir les papiers de Silvio Goffredi, au moyen desquels je comptais rédiger, sous son nom, la relation de ses recherches historiques. Je ne comptais sur aucun profit matériel, mais j'espérais, en accomplissant un devoir, me faire un nom honorable et quelques amis. En Italie, quelques-uns m'étaient restés fidèles; ils me firent cet envoi, qui ne me parvint jamais. Ni le cardinal ni mon jeune élève ne répondirent à mes lettres, et les autres se bornèrent à quelques stériles témoignages d'intérêt, sans vouloir se compromettre jusqu'à me recommander aux gens en crédit de ma nation qui se trouvaient à Paris. Ils me conseillèrent même de ne pas attirer sur moi l'attention de notre ambassadeur, lequel se croirait peut-être obligé, pour l'honneur de sa famille (il était parent de Marco Melfi), de solliciter du roi de France à mon intention une petite lettre de cachet.

» Quand je vis quelle était ma situation, je ne comptai que sur moi-même; mais croyez, monsieur Goefle, que j'eus quelque mérite à rester honnête homme dans un pareil abandon et avec la cruelle vie qu'il faut mener dans une ville de luxe et de tentations comme Paris! J'avais été naguère l'hôte des palais, sous un ciel splendide, puis l'insouciant voyageur à travers des paysages enchantés; je n'étais plus que le morne et mélancolique habitant d'une mansarde, aux prises avec le froid, la faim, et quelquefois le dégoût et le découragement. Pourtant, grâce à Dieu et à mes bonnes résolutions, je me tirai d'affaire, c'est-à-dire que je ne trompai personne et ne mourus pas de misère. Je réussis à faire imprimer quelques opuscules qui ne me rapportèrent rien du tout, mais qui me donnèrent quelque considération dans un petit monde d'obscurs et modestes savants. J'eus l'honneur de fournir indirectement des matériaux pour certains articles de l'Encyclopédie, sur les sciences naturelles et sur les antiquités de l'Italie. Un marquis bel esprit me prit pour secrétaire, et m'habilla décemment. Dès lors je fus à flot. Si l'habit n'est pas tout en France, on peut au moins dire que l'apparence d'un homme aisé est indispensable à quiconque ne veut pas rester dans la misère. Alors, grâce à mon marquis et à mon habit, le monde se rouvrit devant moi. C'était là un grand écueil où je risquai encore de me briser. Ne me prenez pas pour un sot si je vous dis que ma personne se fût mieux tirée d'affaire, si elle eût été aussi disgracieuse que celle de votre ami Stangstadius. Un homme bien fait et sans le sou trouve partout, dans le monde d'aujourd'hui, la porte ouverte à la fortune... et à la honte. Quelque prudence que l'on garde, il faut bien rencontrer sous ses pas, à chaque instant, la vorace et industrieuse fourmilière des femmes galantes. Sans le souvenir de ma chaste et fière Sofia, je me serais probablement laissé entraîner dans le labyrinthe de ces animaux insinuants et travailleurs.

» Je triomphai de ce danger ; mais, au bout d'un

an de séjour à Paris, et au moment où j'allais peut-être m'y faire une position indépendante par mon travail et mon économie, je sentis un extrême dégoût de cette ville et un invincible désir de voyager. Massarelli était la cause principale de ce dégoût. Il n'avait pu supporter, comme moi, les privations et les angoisses de l'attente. Il avait, dans les premiers jours de misère, enlevé de chez moi le théâtre des marionnettes, et il avait essayé de gagner sa vie dans les carrefours avec des gens de la pire espèce. Malheureusement, il ne s'était pas attaché comme moi à corriger son accent, et il n'eut aucun succès. Il me retomba bientôt sur les bras, et j'eus à le nourrir et à le vêtir pendant plusieurs mois, qui furent bien difficiles à passer. Ensuite il disparut de nouveau, bien qu'il m'eût renouvelé ses beaux serments et qu'il eût essayé de travailler avec moi. Cependant je ne fus pas délivré de lui pour cela. Il ne se passait pas de semaines qu'il ne vînt, quelquefois ivre, me dévaliser. Je lui fermais la porte au nez ; mais il s'attachait à mes pas. Il fit enfin deux ou trois infamies moyennant lesquelles, ayant gagné quelque argent, il voulut me rendre tout ce que je lui avais donné, et, en outre, partager avec moi *en frère*, pleurer encore une fois dans mon sein ses larmes de vin et de repentir. Son argent et ses attendrissements me dégoûtaient, je les repoussai. Il se fâcha, il voulut se battre avec moi; je refusai avec mépris. Il voulut me souffleter; je fus forcé de lui donner des coups de canne. Le lendemain, il m'écrivit pour me demander pardon; mais j'étais las de lui, et, comme je le rencontrais partout, quelquefois même en bonne compagnie (Dieu sait comment il venait à bout de s'y introduire), je craignis d'être compromis par quelque filouterie de son fait. Je ne me sentis pas l'égoïste courage de faire chasser honteusement un homme que j'avais aimé, je préférai me retirer moi-même et quitter la partie. Heureusement, j'étais enfin à même d'avoir quelques bonnes recommandations, entre autres celle de Comus, qui, à cette époque, faisait fureur à Paris avec ses représentations de *catoptrique*, c'est-à-dire de fantasmagorie par les miroirs, où, au lieu de montrer des spectres et des diables, il ne faisait apparaître que des choses agréables et de gracieuses images. Ses grands talents et l'habitude de l'observation lui avaient donné une telle connaissance de la physionomie de l'homme et du cœur humain, qu'il lisait dans les pensées et semblait doué du sens divinatoire. Enfin l'étude profonde de l'algèbre le mettait à même de résoudre, sous la forme de *tours* divertissants et ingénieux, des problèmes que le vulgaire ne pouvait approfondir, et que beaucoup de personnes assimilaient à la magie.

» Nous vivons dans un temps de lumières où, par un singulier contraste, le besoin du merveilleux, si puissant et si déréglé dans le passé, lutte encore, dans beaucoup d'esprits, contre l'austérité de la raison. Vous en savez quelque chose ici, où votre illustre et savant Swedenborg est consulté comme un sorcier encore plus que comme un *voyant*, et se laisse aller lui-même à se croire en possession des secrets de l'autre vie. Comus est un homme, je ne dirai pas plus convaincu et plus vertueux que Swedenborg, dont je sais qu'il ne faut parler qu'avec respect, mais plus sage et plus sérieux. Il ne croit pas agir en vertu d'autres lois que celles que le génie humain peut découvrir, et ses secrets sont généreusement livrés par lui aux savants et aux voyageurs qui doivent en tirer parti dans l'intérêt de la science.

» Il me reçut avec bonté, et m'offrit de m'emmener en Angleterre pour l'aider dans ses expériences. Je fus bien tenté d'accepter; mais mon rêve me poussait à la minéralogie, à la botanique et à la zoologie, en même temps qu'à l'étude des mœurs et des sociétés. L'Angleterre me paraissait trop explorée pour m'offrir un champ d'observations nouvelles. Et puis Comus était alors absorbé par une étude spéciale où je ne sentais pas devoir lui être utile. Il allait à Londres pour faire confectionner sous ses yeux des instruments de précision qu'il n'avait pu faire établir en France d'une manière satisfaisante. L'idée de passer un ou deux ans à Londres ne me souriait pas. J'étais las du séjour d'une grande ville. J'éprouvais un besoin violent de liberté, de locomotion, et surtout d'initiative. Bien que j'eusse à me louer de ceux qui m'avaient employé jusqu'à ce jour, je me sentais si peu fait pour la dépendance, que j'en étais réellement malade.

» Comus me mit en rapport avec plusieurs personnes illustres, avec MM. de Lacépède, Buffon, Daubenton, Bernard de Jussieu. Je prenais un vif intérêt aux rapides et magnifiques progrès du jardin des Plantes et du cabinet zoologique, dirigés et enrichis chaque jour par ces nobles savants. Je voyais arriver là à tout instant les dons magnifiques des riches particuliers et les précieuses conquêtes des voyageurs. Il me prit une irrésistible ambition de grossir le nombre de ces serviteurs de la science, humbles adeptes qui se contentaient d'être les bienfaiteurs de l'humanité sans demander ni gloire ni profit. Je voyais bien le grand homme à manchettes, M. de Buffon, profiter largement, pour le compte de sa vanité, des travaux patients et modestes de ses associés. Qu'importe qu'il eût ce travers, qu'il voulût être *M. le comte* et réclamer les droits féodaux de sa seigneurie, qu'il se louât lui-même à tout propos, en s'attribuant le mérite de travaux qu'il n'avait fait souvent que consulter? C'était son goût. Ce n'était pas celui de ses généreux et spirituels confrères. Ils souriaient, le laissaient dire, et travaillaient de plus belle, sentant bien qu'il ne s'agissait pas d'eux-mêmes dans des questions qui ont pour but l'avancement du genre humain. Ils étaient ainsi plus heureux que lui, heureux comme l'entendait Comus, comme j'aspirais à l'être. Leur part me semblait la meilleure, j'avais soif de marcher sur leurs traces. J'offris donc mes services, après avoir profité, autant que possible, de leurs leçons publiques et de leurs entretiens particuliers. Mon zèle ardent et mon aptitude pour les langues parurent à M. Daubenton des conditions de succès à encourager. Ma pauvreté était le seul obstacle.

» — La science devient riche, me disait-il avec orgueil en contemplant l'accroissement du cabinet et du jardin; mais les savants sont un peu trop pauvres quand il s'agit de voyager. Pour eux, la vie est rude sous tous les rapports, soyez bien préparé à cela.

» J'y étais tout préparé. J'avais réussi à économiser une petite somme, qui, dans mes prévisions, pouvait me mener loin, d'après le genre de vie frugal devant lequel je ne reculais pas. Je me fis donner une mission scientifique en règle, afin de ne pas être pris pour un vagabond ou pour un espion dans les pays étrangers, et je partis sans vouloir m'inquiéter de mes moyens d'existence au delà d'une année. La Providence devait pourvoir au reste. J'eusse pu cependant, avec les pièces qui constataient le but innocent et respectable de ma vie errante, obtenir quelque assistance pécuniaire des corps savants, et même de la bourse particulière des amis de la science. Je ne voulus rien demander, sachant combien la famille de Jussieu s'était épuisée en sacrifices de ce genre, et voulant me dévouer tout entier à mes risques et périls.

» Ici commence enfin pour moi une série de jours heureux. J'avais devant moi un temps illimité, du moins tant que mes ressources suffiraient. Ce n'était pas beaucoup dire. Aussi, pour le prolonger et satisfaire ma passion des voyages, je me mis d'emblée dans les conditions les plus économiques. A peine rendu à ma première étape, j'endossai un costume de montagnard solide et grossier; j'achetai un âne pour porter mon mince bagage, mes livres, mes instruments et mon butin d'échantillons, et je me mis en route à pied pour les montagnes de la Suisse.

Je ne vous raconterai pas mes travaux, mes courses, mes aventures. C'est un voyage que j'écrirai dès que j'en aurai le loisir, et la perte récente de mon journal ne me sera pas un obstacle insurmontable, grâce à la mémoire peu commune dont je suis doué. Dans ces excursions solitaires, je recouvrai ma belle santé, mon insouciance de caractère, ma confiance à l'avenir, ma gaieté intérieure, toutes choses que la vie de Paris avait fort détériorées en moi. Je me sentis réconcilié avec le souvenir de mes Goffredi ; c'est vous dire que je me sentis heureux.

» J'avais assez travaillé la botanique et la minéralogie pour remplir mes promesses relatives à ces deux spécialités ; mais, ne donnant rien aux vanités du monde, j'avais le loisir de vivre pour mon compte en observateur, et peut-être aussi un peu en artiste et en poëte, c'est-à-dire en homme qui sent les beautés de la nature dans son divin ensemble. De chaque station importante, j'expédiais à Paris mes rapports et mes échantillons même, avec des lettres assez détaillées adressées à M. Daubenton, sachant que les impressions romanesques d'un jeune homme ne lui déplairaient pas.

» Au bout de neuf ou dix mois, j'étais dans les Karpathes avec mon âne, qui me rendait véritablement de grands services, et qui était si fidèle et si bien dressé à suivre tous mes pas, qu'il n'était jamais un embarras pour moi, lorsque je rencontrai en un site agreste et désert un mendiant barbu dans lequel je crus reconnaître Guido Massarelli. Partagé entre le dégoût et la pitié, j'hésitais à lui parler, quand il me reconnut et vint à moi d'un air si humble et si abattu, que la compassion l'emporta. J'étais heureux dans ce moment-là et en train d'être bon. Assis sur une souche au milieu d'un abattis de grands arbres, je prenais mon repas avec appétit, tandis que mon âne paissait à quelques pas de moi. Pour le reposer, je l'avais débarrassé de son chargement, et j'avais mis entre mes jambes le panier qui contenait mes provisions de la journée. C'était peu de chose, mais il y avait assez pour deux. Massarelli, pâle et faible, semblait mourir de faim.

». — Assieds-toi là, lui dis-je, et mange. Je suis bien certain que tu es dans cette misère par ta propre faute ; mais il ne sera pas dit que je ne te sauverai pas encore une fois.

» Il me raconta ses aventures vraies ou fausses, s'accusa en paroles d'une humilité plate, mais s'excusant toujours au fond en rejetant ses fautes sur l'ingratitude ou la dureté d'autrui. Je ne pus le plaindre que d'être ce qu'il était, et, après une demi-heure d'entretien, je lui donnai quelques ducats et me remis en marche. Nous allions en sens contraire à ma très-grande satisfaction ; mais je n'avais pas marché un quart d'heure, que je me sentis pris de vertiges et forcé de m'arrêter, accablé de lassitude et de sommeil. Ne comprenant rien à une indisposition si subite, moi qui de ma vie n'avais rien éprouvé de semblable, et qui, partageant ma bouteille avec Guido, n'avais pas avalé la valeur d'un verre de vin, je pensai que c'était l'effet du soleil ou d'une assez mauvaise nuit passée à l'auberge. Je m'étendis à l'ombre pour faire un somme. Que ce fût ou non une imprudence dans un endroit absolument désert, il m'eût été impossible de faire autrement. J'étais vaincu par une sorte d'ivresse lourde et irrésistible.

» Quand je m'éveillai, encore fort malade, appesanti, et sans aucune idée dans la tête, je me trouvais au même endroit, mais complétement dévalisé. Le jour paraissait à l'horizon. Je crus d'abord que c'était le crépuscule du soir, et que j'avais dormi dix heures ; mais, en voyant le soleil monter dans la brume et la rosée briller sur les touffes d'herbe, il fallut bien reconnaître que mon sommeil avait duré un jour et une nuit. Mon âne avait disparu avec mon bagage, mes poches étaient vides ; on ne m'avait laissé que les habits qui me couvraient. Un objet sans valeur, oublié ou dédaigné par les bandits, fixa mon attention : c'était une tasse, faite d'une petite noix de coco, dont je me servais en voyage pour ne pas boire au goulot de la bouteille, chose qui m'a toujours semblé ignoble. Je payais cher cette délicatesse : dans un moment où j'avais le dos tourné, Guido avait jeté un narcotique dans ma tasse. Une sorte de sel était cristallisé au fond. Guido n'était pas un mendiant, c'était un chef de voleurs. Les traces de piétinement qui m'environnaient attestaient le concours de plusieurs personnes.

» En regardant toutes choses autour de moi, je vis une inscription légèrement tracée à la craie sur le rocher, et je lus ces mots en latin :

« Ami, je pouvais te tuer, et j'aurais dû le faire ;
» mais je te fais grâce. Dors bien ! »

» C'était l'écriture de Guido Massarelli. Pourquoi eût-il dû me tuer ? Était-ce en souvenir des coups de canne que je lui avais donnés à Paris ? C'est possible. L'Italien conserve, au milieu des plus grands désastres de l'âme et de l'intelligence, le sentiment de la vengeance, ou tout au moins le souvenir de l'injure. Que pouvais-je faire pour me venger à mon tour ? Rien qui ne demandât du temps, de l'argent et des démarches. Or, j'étais sans le sou, et je commençais à avoir faim.

» — Allons! pensai-je en me remettant en route, il était écrit qu'un jour ou l'autre, il me faudrait mendier ; mais, malgré le sort contraire, je jure de ne pas mendier longtemps! Il faudra bien que je trouve quelque nouvelle industrie pour me tirer d'affaire.

» Je sortis du défilé des montagnes et trouvai l'hospitalité chez de bons paysans, qui me firent même accepter quelques provisions pour ma journée. Ils me dirent qu'une bande de voleurs exploitait le pays, et que le chef était connu sous le nom de *l'Italien*.

» En continuant ma route, j'entrai dans la province de Silésie. Mon intention était de m'arrêter dans la première ville pour porter plainte et réclamer des autorités la poursuite de mes brigands. Comme je marchais, pensif et absorbé dans mille projets plus inexécutables les uns que les autres pour me remettre en argent sans m'adresser à la commisération publique, j'entendis un petit galop détraqué derrière moi, et, en me retournant, je reconnus avec stupéfaction mon âne, mon pauvre *Jean*, qui courait après moi du mieux qu'il pouvait, car il était blessé. On dit que les ânes sont bêtes ! je le veux bien; mais ce sont des animaux presque aussi intelligents que les chiens : j'en avais acquis déjà maintes fois la certitude en voyageant avec ce fidèle serviteur. Cette fois, il me donnait une preuve d'attachement raisonné et d'instinct mystérieux vraiment extraordinaire. Il avait été volé et emmené ; dépouillé de son bagage, il s'était sauvé sans doute. On avait tiré sur lui ; il n'en avait tenu compte, il avait poursuivi sa course, il avait retrouvé ma trace, et, en véritable héros, il venait me rejoindre avec une balle dans la cuisse !

» Je vous avoue que j'eus avec lui une scène digne de Sancho Pança, et encore plus pathétique, car j'avais un blessé à secourir. J'extirpai la balle qui s'était logée dans le cuir de mon intéressant ami, et je lavai sa plaie avec le soin le plus touchant. La pauvre bête se laissa opérer et panser avec le stoïcisme qui appartient à son espèce, et avec la confiance intelligente dont la nôtre n'a pas apparemment le monopole. Mon âne retrouvé, c'était une ressource. La balle retirée, il ne boitait plus. Beau, grand et fort, il pouvait valoir... Mais cette lâche et exécrable pensée ne se formula pas en chiffres, et je dis à mon honneur que je la repoussai avec indignation. Il n'était pas question de vendre mon ami, mais de nourrir deux estomacs au lieu d'un.

» Je gagnai comme je pus la ville de Troppaw. Jean trouvait des chardons le long du chemin ; je me privai d'une partie de mon pain ce jour-là pour procurer quelque douceur à sa convalescence. A Troppaw, les gens du peuple me plaignirent et me secoururent d'un gîte et d'un repas avec cette charité qui a tant de prix et de mérite chez les pauvres. Les autorités de la ville ajoutèrent peu de foi à mon récit. J'avais les habits grossiers du voyageur à pied, et aucun papier pour prouver que j'étais un homme d'études, ayant droit à la confiance. Je parlais bien, il est vrai, trop bien pour un rustre ; mais ces pays frontières étaient exploités par tant d'habiles intrigants ! Récemment un Italien s'était donné pour un grand seigneur dévalisé dans les montagnes, et on avait découvert depuis qu'il était lui-même le chef de la bande qu'il feignait de signaler.

» Je jugeai prudent de ne pas insister ; car, du souvenir de Guido Massarelli au soupçon de complicité de ma part, il n'y avait que la main. Je retournai chez mes pauvres hôtes. Ils me reçurent très-bien, blâmèrent les magistrats de leur ville, et regardèrent Jean d'un œil d'envie en me disant :

» —Heureusement, votre âne vous reste, et vous pourriez le vendre !

» Comme je paraissais ne pas vouloir comprendre cette insinuation, on me démontra, sous forme de conseil, que je pouvais rester deux ou trois mois dans la maison en me contentant de l'ordinaire de la famille ; que, pendant ce temps, si je savais faire

quelque chose, je chercherais de l'ouvrage, et que, si,
au bout du délai, je pouvais solder ma dépense, je
ne serais pas forcé de laisser mon âne en payement.
Le conseil était sage ; je l'acceptai, résolu à bêcher
la terre plutôt que de ne pas dégager ma caution, ce
pauvre Jean, utile encore à son maître.

» Mon hôte était cordonnier. Pour lui prouver que
je n'étais pas un paresseux, je lui demandai en quoi,
ne sachant pas son état, je pourrais lui être utile.

» — Je vois, me répondit-il, que vous êtes un bon
sujet, et votre figure me donne confiance en vous.
C'est demain foire dans un village à deux lieues d'ici.
Je suis empêché de m'y rendre ; allez-y à ma place
avec un chargement de ma marchandise sur votre
âne, et vendez-moi le plus de souliers que vous
pourrez. Vous aurez une part de dix pour cent dans
le profit.

» Le lendemain, j'étais à mon poste, vendant des
souliers comme si je n'eusse fait autre chose de ma
vie. Je n'avais pourtant aucune notion des rouéries
particulières au petit ou au grand commerce ; mais
j'imaginai de faire des compliments à toutes les
femmes sur la petitesse de leurs pieds, et j'amusai
tant le monde par mes hyperboles et mon babil, que
toute ma cargaison fut écoulée en quelques heures.
Le soir, je revins gaiement chez mon patron, qui,

émerveillé de mon succès, refusa obstinément de me laisser rembourser ma nourriture sur ma part des profits.

» Me voilà donc encore une fois avec un *état* et de l'argent en poche, en quantité proportionnée au luxe et aux besoins de ma condition nouvelle. Mon patron Hantz m'envoya faire une tournée de trois jours dans les pays environnants, et je réussis à écouler tout un vieux fonds de boutique dont il était depuis longtemps embarrassé. Au retour, je reçus de lui plus qu'il ne m'avait promis ; mais, quand je parlai de le quitter, il se mit en colère et versa des larmes, me traitant de *fils ingrat* et me proposant la main de sa fille pour me retenir. La fille était jolie, et me lançait des œillades naïves. Je me conduisis en niais, comme eussent dit beaucoup de gens d'esprit de ma connaissance. Je ne cherchai pas seulement à l'embrasser, et je partis pendant la nuit avec Jean et deux rigsdalers. Je laissai le reste, c'est-à-dire deux autres rigsdalers, pour payer ma dépense chez le bon cordonnier de Troppaw.

» Il s'agissait d'aller plus loin, n'importe où, jusqu'à ce que je pusse trouver un moyen de faire mon voyage, sans avoir à confier aux personnes auxquelles j'étais recommandé en différentes villes d'Allemagne et de Pologne un désastre dont je ne pouvais fournir aucune autre preuve que mon dénûment. Les soupçons des bourgmestres de Troppaw m'avaient guéri de l'idée de raconter mes infortunes. J'avais perdu mes lettres de marque, je ne devais compter que sur moi-même pour les remplacer par des affirmations vraisemblables. Or, on n'est jamais vraisemblable quand on demande des secours. Je n'étais pas plus triste pour cela. J'étais déjà habitué à ma situation, et je remarquai une fois de plus dans ma vie que le lendemain arrive toujours pour ceux qui prennent patience avec le jour présent.

» Deux jours après, je me trouvais dans une pauvre taverne en face d'un garçon trapu et robuste, qui, les coupes appuyés sur la table et la figure cachée dans ses mains, paraissait dormir. On me servit, pour mon demi-swangsick, un pot de bière, du pain et du fromage. J'avais de quoi aller, à ce régime, pendant une huitaine de jours. Mon vis-à-vis, interrogé par l'hôtesse, ne répondit pas. Quand il releva la tête, je vis qu'il pleurait.

» — Vous avez faim, lui dis-je, et vous n'avez pas de quoi payer !

» — *Voilà!* répondit-il laconiquement.

» — Eh bien, repris-je, quand il y a pour un, il y a pour deux; mangez.

» Sans rien répondre, il tira son couteau de sa

poche et entama mon pain et mon fromage. Quand il eut mangé en silence, il me remercia en peu de mots assez honnêtes, et j'eus la curiosité de savoir la cause de sa détresse. Il se nommait je ne sais plus comment, et avait pour nom de guerre *Puffo*. Il était de Livourne, ce qui, en Italie, est une mauvaise note pour les gens d'une certaine classe. Aux yeux de tout marin du littoral méditerranéen, *Livornese* est synonyme de pirate. Celui-ci justifiait peut-être le préjugé : il avait été marin et quelque peu flibustier. Il était maintenant saltimbanque.

» Je l'écoutais avec assez peu d'intérêt, car il racontait mal, et ces histoires d'aventurier ne valent que par la manière dont on les dit; au fond, à bien prendre, elles se ressemblent toutes. Cependant, comme cet homme me parlait de son théâtre improductif, je lui demandai quelle sorte de représentations il donnait.

» — Mon Dieu, me dit-il, voilà ce que c'est, et c'est bien la plus mauvaise affaire que j'aie faite de ma vie! Le diable emporte celui qui me l'a mise en tête!

» En parlant ainsi, il tira de son sac une marionnette, qu'il jeta avec humeur sur la table.

» Je laissai échapper un cri de surprise : cette marionnette, hideusement sale et usée, c'était mon œuvre, c'était un *burattino* de ma façon ! Que dis-je ? c'était mon premier sujet, mon chef de troupe ; c'était mon spirituel et charmant Stentarello, la fleur de mes débuts dans les bourgades de l'Apennin, la coqueluche des belles Génoises, le fils de mon ciseau et de ma verve, la colonne de mon théâtre !

» — Quoi, misérable ! m'écriai-je, tu possèdes Stentarello, et tu n'en sais pas tirer parti ?

» — On m'avait bien assuré, répondit-il, qu'il avait rapporté beaucoup d'argent en Italie, et celui qui me l'a vendu à Paris m'a dit le tenir, ainsi que le reste de la troupe, d'un signor italien bien mis, qui prétendait avoir fait sa fortune avec... C'est peut-être vous ?

» Il me raconta alors comme quoi il avait eu quelque succès en France, dans les carrefours, avec notre théâtre et le personnel ; que, sachant plusieurs idiomes étrangers, il avait voulu *voyager*, mais que, *n'ayant pas de bonheur*, il avait été de mal en pis jusqu'au moment où je le rencontrais, décidé à vendre *la boutique* et à se livrer à l'instruction d'un ours qu'il allait tâcher de se procurer dans la montagne.

» — Voyons, lui dis-je, montre-moi ton théâtre et ce que tu sais faire.

» Il me conduisit dans une grange où je l'aidai à mettre son matériel sur pied. Je reconnus là, mêlés à d'ignobles marionnettes de rencontre et couverts de haillons et de meurtrissures, les meilleurs sujets de ma troupe. Puffo me joua une scène pour me donner un échantillon de son talent. Il maniait ces *burattini* avec dextérité et ne manquait pas d'une certaine verve grossière ; mais j'avais le cœur vraiment percé de douleur en voyant mes acteurs tombés en de telles mains et réduits à jouer de tels rôles. En y réfléchissant cependant, je vis que la Providence nous réunissait, eux et moi, pour notre salut commun. Sur-le-champ j'organisai à moi seul une représentation dans le village, et je gagnai un ducat, à la grande stupéfaction de Puffo, lequel, à partir de ce moment, m'abandonna le théâtre, les acteurs et le soin de sa propre destinée.

» N'avais-je pas été vraiment protégé par le ciel? n'avais-je pas retrouvé le seul moyen de continuer mes voyages avec aisance, sans rien devoir à personne et sans livrer mon nom et ma figure aux caprices du public? En peu de jours, toutes les marionnettes furent repassées au ciseau, nettoyées, repeintes, habillées de neuf, et bien rangées dans une boîte commode et portative. Le théâtre fut également restauré et agrandi pour deux *operanti*. Je pris Puffo à mon service en le chargeant de l'entretien, du rangement et de la garde de l'établissement, en même temps que d'une partie du transport sur ses fortes épaules, ainsi qu'il en avait l'habitude ; car je voulais plus que jamais consacrer Jean au service de la science et lui faire porter mon bagage de naturaliste.

» Puffo est certainement un pauvre compère. Il a l'esprit lourd ; mais il ne reste jamais court, vu qu'il a le don de pouvoir parler sans rien dire. Il a un mauvais accent dans toutes les langues ; mais il se fait comprendre en plusieurs pays, et c'est un grand point. Voilà pourquoi je l'ai gardé. Je dialogue peu avec lui ; mais j'ai réussi à le déshabituer des gros mots. Je lui confie les scènes populaires, qui sont comme des intermèdes pour me reposer quelques instants. Quand j'ai trois ou quatre personnages en scène, je tire parti de ses mains et fais parler tous les interlocuteurs avec assez d'adresse pour que l'on croie entendre plusieurs voix différentes. Enfin, monsieur Goefle, vous m'avez vu à l'œuvre et vous savez que j'amuse. Néanmoins nous ne fîmes pas grand'chose en Allemagne, et l'idée me vint qu'en Pologne mes affaires iraient mieux. Les Polonais ont l'esprit français et le goût italien. Nous traversâmes donc la Pologne, et c'est à Dantzig que nous nous sommes, au bout de six semaines de voyages et de succès, embarqués pour Stockholm, où notre recette a été fructueuse. C'est là que j'ai reçu l'invitation du baron de Waldemora, invitation que j'ai acceptée avec plaisir, puisqu'elle me mettait à même de voir le pays qui jusqu'ici m'a le plus intéressé. C'est vers le Nord que se sont toujours portées mes aspirations, soit à cause des grands contrastes qu'il devait offrir à un habitant du Midi, soit par un instinct patriotique qui se serait fait sentir à moi dès l'enfance. Il n'y a pourtant rien de moins certain que cette origine boréale attribuée à mon langage altéré, bégayé ou à demi oublié, par le savant philologue dont je vous ai parlé : n'importe, rêve ou pressentiment, j'ai toujours vu en imagination le romantique pays que j'ai maintenant devant les yeux, et je me fis une fête d'allonger mon chemin pour venir ici, c'est-à-dire de traverser le Malarn et de descendre jusqu'au Wettern pour explorer toute la région des grands lacs.

» Mais il était écrit que les accidents me poursuivraient. Puffo, qui a engraissé depuis qu'il est nourri par moi, et qui commence à reculer devant la fatigue, voulut suivre, dans un traîneau de louage, ce mystérieux lac Wettern, dont les profondeurs semblent troublées par des éjaculations volcaniques. La glace rompit et noya mes habits, mon linge et mon argent. Heureusement, Puffo était à pied dans ce moment-là et put se sauver avec le conducteur du traîneau, qui y perdit sa voiture et son cheval. Heureusement aussi, j'avais suivi la rive avec Jean, le théâtre, les acteurs et mon bagage scientifique. Donc, grâce au ciel, tout n'est pas perdu, et, demain, je me remets en fonds, puisque, demain, je donne une représentation à prix fait dans le château de l'*homme de neige.*

— Eh bien, dit M. Goefle en serrant de nouveau la main de Christian Waldo, votre histoire m'a intéressé et diverti ; je ne sais pas si vous l'avez racontée avec agrément, mais votre manière de causer vite en trottant par la chambre, votre gesticulation italienne et votre figure de je ne sais quel pays, expressive et heureuse à coup sûr, m'ont attaché à votre récit. Je vois en vous un bon esprit et un excellent cœur, et les torts que vous vous reprochez me paraissent bien peu de chose au prix des égarements où vous eussiez pu tomber, jeté si jeune dans le monde, sans guide, sans avoir, et avec une jolie figure, instrument de perdition pour les deux sexes dans un monde aussi corrompu que le monde de Paris et de Naples...

— Est-ce à dire, monsieur Goefle, que celui des États du Nord soit plus moral et plus pur ? Je ne demande pas mieux que de le croire; pourtant ce que j'ai observé à Stockholm...

— Hélas! mon cher enfant, si vous jugez de nous par les intrigues, la vanité, la violence et l'infâme vénalité de notre noblesse actuelle, tant *bonnets* que *chapeaux,* vous devez nous croire la dernière nation de l'univers; mais vous vous tromperiez; car, dans le fait, nous sommes un bon peuple, et il ne faudrait qu'une révolution ou une guerre sérieuse pour faire remonter à la surface les grandes qualités, les parcelles d'or pur qui sont tombées au fond. En ce moment, vous ne voyez de nous que l'écume... Mais parlons de vous; vous ne m'avez pas expliqué votre existence à Stockholm. Comment se fait-il que, dans ce pays d'intrigue et de méfiance, vous ayez pu vivre sous le masque et ne pas être inquiété par les trois ou quatre polices qui travaillent pour les différents partis?

— C'est que je ne vis pas sous le masque, vous le voyez bien, monsieur Goefle; cela serait fort gênant, et, dès que je suis à cent pas de ma baraque, je n'ai pas de raisons pour ne pas mettre adroitement, et en prenant les plus simples précautions pour dérouter les curieux, mon visage à découvert. Je ne suis pas un personnage assez important pour qu'on s'acharne à me voir, et le petit mystère dont je m'enveloppe est pour beaucoup dans la vogue que j'ai acquise. Après tout, je ne pousse pas le préjugé de l'homme du monde au point de me désoler si quelque jour mon masque tombe dans la rue, et qu'un passant vienne par hasard à reconnaître le très-obscur adepte de la science qui, sous un autre nom, vaque à ses études à d'autres heures et dans d'autres endroits de la ville.

— Ah! voilà précisément ce que vous ne m'avez pas dit. Vous aviez, dans l'occasion, à Stockholm, un autre nom que celui de Christian Waldo, et un autre domicile que celui où résidaient Jean, Puffo, et le reste de la troupe dans ses boîtes?

— Précisément, monsieur Goefle. Quant au nom, vous voulez donc absolument tout savoir?

— Certainement! vous méfiez-vous de moi?

— Oh! si vous le prenez ainsi, je m'exécute avec empressement. Ce nom n'est autre que celui de Dulac; c'est la traduction française de mon premier nom de fantaisie, *del Lago;* c'est celui que j'avais pris à Paris pour ne pas attirer sur moi, par quelque malheureux hasard, la vengeance de l'ambassadeur de Naples.

— Fort bien! et vous avez, sous ce nom, établi quelques bonnes relations à Stockholm?

— Je n'ai pas beaucoup essayé, rien ne presse. Je

voulais d'abord bien connaître les richesses de la ville en fait d'art et de science, et puis la physionomie des habitants, leurs goûts, leurs usages ; or, pour un étranger sans relations, il est très-facile d'étudier les mœurs et les idées d'un peuple dans les centres de réunion publique. C'est ce que j'ai fait, et maintenant je voudrais connaître toute la Suède, afin de revenir me présenter à Stockholm et à Upsal aux principaux savants, à M. de Linné surtout. D'ici là, j'aurai reçu les lettres de recommandation que j'ai demandées à Paris, et, dans tous les cas, j'aurai peut-être quelque chose d'intéressant à dire à cet homme illustre. Je pourrai récolter au loin des objets qui lui auront échappé, et lui faire quelque plaisir en les lui offrant. Il n'est pas de voyage qui n'amène d'utiles découvertes ou d'utiles observations sur les choses déjà signalées. C'est en apportant aux grands maîtres le tribut de ses études et le résultat de ses recherches qu'un jeune homme a le droit de les aborder; autrement, ce n'est qu'une satisfaction de vanité ou de curiosité qu'il se procure et un temps précieux qu'il leur dérobe. Quant à la police, car vous m'avez fait aussi une question à cet égard, elle m'a laissé fort tranquille après un rapide interrogatoire où j'ai répondu apparemment avec une franchise satisfaisante. Les bons bourgeois chez qui je demeurais, et qui m'ont traité comme un membre de leur famille, ont répondu de ma bonne conduite et gardé, vis-à-vis du public, le petit secret de ma double individualité. Vous voyez donc bien, monsieur Goefle, que tout est pour le mieux dans ma situation présente, et que je peux conserver ma belle humeur, puisque j'ai la liberté, un gagne-pain assez lucratif, la passion de la science, et le monde ouvert devant mes pas agiles !

— Mais votre bourse a fait naufrage sur le lac Wettern...

— Oh ! les lacs, voyez-vous, monsieur Goefle, ils sont peuplés de bons génies avec lesquels je suis certainement en relation à mon insu. Ne suis-je pas Christian *del Lago*? Ou le trolle de Wettern me rendra ma bourse au moment où je m'y attendrai le moins, ou il en fera profiter quelque pauvre pêcheur qui s'en trouvera bien, et de toutes façons le résultat sera excellent.

— Mais... pourtant... avez-vous quelque argent en poche, mon garçon ?

— Absolument rien, monsieur Goefle, répondit en riant le jeune homme. J'ai eu tout juste de quoi arriver ici, en me serrant un peu le ventre pour laisser manger à discrétion mon valet et mon âne ; mais, ce soir, j'aurai trente rigsdalers pour ma comédie, et, après ce copieux déjeuner à côté de vous et de cet excellent poêle, en face de ce beau paysage de diamants, qui resplendit là-bas à travers les nuages de fumée dont nos pipes ont rempli la chambre, je me sens le plus riche et le plus heureux des hommes.

— Vous êtes décidément un original, dit M. Goefle en se levant et en secouant la capsule de sa pipe. Il y a en vous je ne sais quel mélange d'homme et d'enfant, de savant et d'aventurier. Il semble même que vous aimiez follement cette dernière phase de votre vie, et que, loin de la considérer comme désagréable, vous souhaitiez la prolonger sous prétexte d'une fierté exagérée.

— Permettez, monsieur Goefle, répondit Christian; en fait de fierté, il n'y a pas de milieu, c'est tout ou rien. J'ai tâté de la misère, et je sais comme il est facile de s'y dégrader. Il faut donc que l'homme livré à ses seules ressources s'habitue à ne pas la craindre, et même à jouer avec elle. Je vous ai dit qu'elle m'avait été pénible dans une grande ville. C'est que là, au milieu des tentations de tout genre, elle est bien dangereuse pour un homme jeune et actif qui a connu l'entraînement des passions. Ici, au contraire, en voyage, c'est-à-dire en liberté, et protégé par un *incognito* qui me permet de rentrer demain dans le monde sous la figure d'un homme sérieux, je me sens léger comme un écolier en vacances, et il ne me tarde pas, je le confesse, de reprendre les chaînes de la contrainte et les ennuis du convenu.

— Après tout... je le comprends, dit le docteur; mon imagination, qui n'est pas plus engourdie que celle d'un autre, me représente assez le plaisir romanesque de cette vie nomade et insouciante. Pourtant vous aimez le monde, et ce n'est pas pour aller explorer les glaces à l'heure de minuit que vous m'avez emprunté ma garde-robe de cérémonie?

En ce moment, la porte s'ouvrit, et Ulphilas, à qui M. Goefle avait sans doute donné des ordres, vint l'avertir que son cheval était attelé à son traîneau. Ulf paraissait complétement dégrisé.

— Comment! s'écria le docteur avec surprise, quelle heure est-il donc? Midi? Ce n'est pas possible! cette vieille horloge radote... Mais non, dit-il en regardant à sa montre, il est bien midi, et il faut que j'aille m'entretenir avec le baron de ce gros procès pour lequel il m'a fait venir. Je m'étonne que, me sachant arrivé, il n'ait pas encore songé à faire demander de mes nouvelles!...

— Mais M. le baron a envoyé, répondit Ulf; ne vous l'ai-je point dit, monsieur Goefle?

— Nullement !

— Il a envoyé, il y a une heure, en faisant dire qu'il s'était trouvé indisposé cette nuit ; sans quoi, il serait venu lui-même...

— Ici ?... Tu exagères la politesse du baron, mon cher Ulf !... Le baron ne vient jamais au Stollborg !

— Bien rarement, monsieur Goefle ; mais...

— Ah çà ! et le père Stenson, il n'y a donc pas moyen de le voir ? Avant de me rendre au château, je vais lui faire une petite visite, à ce digne homme ! Est-il toujours aussi sourd ?

— Beaucoup plus, monsieur Goefle ; il n'entendra pas un mot de ce que vous lui direz.

— Eh bien, je lui parlerai par signes.

— Mais, monsieur Goefle... c'est que mon oncle ne sait pas encore que vous êtes ici.

— Ah ! oui-da ! Eh bien, il l'apprendra.

— Il me grondera beaucoup de ne pas l'avoir averti... et d'avoir consenti...

— A quoi ? A me laisser loger ici, n'est-ce pas ? Eh bien, tu lui diras que je me suis passé de ta permission.

— Figurez-vous, ajouta M. Goefle en français et en s'adressant à Christian, que nous sommes ici en fraude et à l'insu de M. Stenson, l'intendant du vieux château. Une chose très-bizarre encore, c'est que ledit M. Sten, ainsi que son estimable neveu ici présent, ne laissent qu'avec répugnance habiter cette masure, tant ils sont persuadés qu'elle est hantée par des esprits chagrins et malfaisants...

La figure de M. Goefle devint tout à coup sérieuse d'enjouée qu'elle était, comme si, habitué à rire de ces choses, il commençait à se le reprocher, et il demanda d'un ton brusque à Christian s'il croyait aux apparitions.

— Oui, aux hallucinations, répondit Christian sans hésiter.

— Ah! vous en avez eu quelquefois?

— Quelquefois, dans la fièvre ou sous l'empire d'une forte préoccupation. Elles étaient alors moins complètes que dans la fièvre, et je me rendais compte de l'illusion; cependant ces visions étaient assez frappantes pour me troubler beaucoup.

— C'est cela, c'est justement cela, s'écria M. Goefle. Eh bien, figurez-vous.... Mais je vous conterai cela ce soir; je n'ai pas le temps. Je sors, mon cher ami, je me rends chez le baron; peut-être me retiendra-t-il pour le dîner, qui se sert à deux heures. En tout cas, je reviendrai le plus tôt possible. Ah! écoutez, rendez-moi un service en mon absence.

— Deux, trois, si vous voulez, monsieur Goefle. De quoi s'agit-il ?

— De lever mon valet de chambre.

— De l'éveiller ?

— Non, non ! de le lever, de l'habiller, de lui boutonner ses guêtres, de l'enfoncer dans sa culotte, qui est fort étroite, et qu'il n'a pas la force...

— Ah ! j'entends ! un vieux serviteur, un ami, malade, infirme ?

— Non ! pas précisément... Tenez ! le voilà. Miracle ! il s'est levé tout seul !—C'est bien, cela, maître Nils ! Comment donc ! vous vous formez ! Vous voilà déjà debout à midi ! et vous vous êtes habillé vous-même ! N'êtes-vous point trop fatigué ?

— Non, monsieur Goefle, répondit l'enfant d'un air de triomphe ; j'ai très-bien boutonné mes guêtres : voyez !

— Un peu de travers ; mais enfin c'est toujours ça, et, à présent, vous allez vous reposer jusqu'à la nuit, n'est-ce pas ?

— Oh ! non, monsieur Goefle ; je vais manger, car j'ai grand'faim, et voilà une grande heure au moins que ça m'empêche de bien dormir.

— Vous voyez, dit M. Goefle à Christian ; voilà le serviteur que ma gouvernante m'a procuré ! A présent, je vous laisse à ses soins. Faites-vous obéir, si vous pouvez. Moi, j'y ai renoncé pour mon compte. Allons, Ulf, passe devant, je te suis... Qu'y a-t-il encore? qu'est-ce que cela?

— C'est, répondit Ulphilas, dont les idées suivaient la marche ascendante des rayons du soleil, une lettre que j'avais dans ma poche depuis tantôt, et que j'avais oublié...

— De me remettre? C'est trop juste! Vous voyez, Christian, comme on est bien servi au Stollborg!

M. Goefle ouvrit la missive, et lut ce qui suit, en s'interrompant à chaque phrase pour faire ses réflexions en français :

« Mon cher avocat... »

— Je connais cette écriture... Ah! c'est la comtesse Elveda, la grande coquette, le parti russe en jupons !...

« Je désire vous voir la première. Je sais que le baron vous attend à midi. Ayez l'obligeance de venir du Stollborg un peu plus tôt et de vous rendre à mon appartement, où j'ai des choses sérieuses à vous communiquer... »

— Des choses sérieuses ! quelque niaise malice, noire comme le charbon, et visible, par conséquent, à l'œil nu, comme le charbon sur la neige ! Ma foi, il est trop tard ; l'heure est passée.

— Certainement l'heure est passée, observa Christian, et ce que l'on veut vous dire ne vaut pas la peine d'être écouté.

— Ah! ah! vous savez donc de quoi il s'agit?

— Parfaitement, et je vais vous le dire tout de suite, sans craindre que vous vous prêtiez à un désir aussi laid que saugrenu. La comtesse veut marier sa gentille nièce Marguerite avec le vieux et funèbre baron Olaüs.

— Mais je le sais bien, et je me suis ouvertement moqué de ce beau projet-là. Marier le joli mois de mai avec le pâle décembre? Il faut être aussi bonnet blanc que le pic de Sylfiallet pour avoir de pareilles idées!

— Ah! j'en étais bien sûr; n'est-ce pas, monsieur Goefle, que c'est odieux de vouloir ainsi sacrifier Marguerite?

— Oui-da! Marguerite? Ah çà! vous êtes donc très-lié, vous, avec Marguerite?

— Fort peu; seulement, je l'ai vue: elle est charmante.

— On le dit; mais la comtesse, d'où diable la connaissez-vous, et comment savez-vous ses projets intimes?

— C'est encore une histoire à vous raconter, si vous avez le temps...

—Eh! non, je ne l'ai pas...; mais il y a là un postscriptum que je ne voyais pas... et que je comprends encore moins.

« J'ai à vous faire compliment de la bonne tournure et de l'esprit de votre neveu... »

— Mon neveu! Je n'ai pas de neveu! Est-ce qu'elle est folle, la comtesse?

» Pourtant, cet esprit lui a fait défaut d'une fâcheuse manière, et son algarade mérite bien que vous lui laviez rudement la tête !... Nous parlerons de cela, et je tâcherai de réparer ses folies, j'aurais bien envie de dire ses sottises !... »

— Son algarade, ses sottises ! Il paraît qu'il en fait de belles, monsieur mon neveu! Mais où diable prendrai-je ce gaillard-là pour lui laver la tête ?

— Hélas ! monsieur Goefle, vous n'irez guère loin, dit Christian d'un ton piteux. Comment ne devinez-vous pas que, si j'ai pu m'introduire sans masque dans le bal de cette nuit, ce n'est certainement point le nom de Christian Waldo qui aurait pu m'ouvrir la porte?

— Je ne dis pas le contraire ; mais alors c'est donc sous le nom de Goefle...?

— Mon invitation était sous cet honorable nom, dans ma poche.

— Ainsi, monsieur, dit M. Goefle d'un ton sévère, et avec des yeux brillants de courroux, vous ne vous contentez pas d'emporter l'habit complet des gens, depuis la poudre à cheveux jusqu'à la semelle inclusivement ; vous vous permettez encore de prendre leur nom et de les rendre responsables des folies qu'il vous plaît de commettre ! Ceci passe la permission...

Ici, le bon M. Goefle partit malgré lui d'un éclat de rire, tant lui parut plaisante la situation de Christian Waldo. Le jeune homme, bouillant et fier, supportait avec peine le reproche direct et semblait fort tenté de répliquer avec vivacité, d'autant plus que, d'un côté, Ulf, ne comprenant pas un mot de ce que disait M. Goefle, mais devinant sa colère à son intonation, imitait instinctivement ses regards et ses gestes, tandis que, de l'autre, le petit Nils, absolument dans le même cas quant au fond de l'affaire, s'était placé vis-à-vis de Christian dans une attitude superbe et presque menaçante.

Christian, impatienté par ces deux figures, qui copiaient burlesquement celle de M. Goefle, avait fort envie d'administrer un coup de poing à l'adulte et un coup de pied au galopin ; mais il se sentait dans son tort, il était très-affecté d'avoir offensé un homme aussi aimable et aussi sympathique que le docteur en droit, et sa physionomie, peignant une alternative de dépit et de repentir, était si expressive, que l'avocat en fut désarmé. Son rire désarma également ses deux acolytes, qui se mirent à rire aussi de confiance et retournèrent à leurs fonctions, tandis que Christian racontait à M. Goefle, en peu de mots, ce que la comtesse Elveda appelait son algarade, et ce qu'il croyait de nature à le disculper entièrement. M. Goefle, tout pressé qu'il était de partir, l'écouta avec attention, et, quand il eut fini :

— Certes, mon cher enfant, lui dit-il, vous n'avez rien fait là qui déshonore le nom de Goefle, et, bien au contraire, vous avez agi en galant homme; mais vous ne m'en avez pas moins jeté dans un cruel embarras. Que le baron Olaüs se rende compte ou non, à l'heure qu'il est, de l'accès de fureur épileptique que vous lui avez procuré, je doute qu'il oublie que vous l'avez offensé. On vous l'a dit, c'est un homme qui n'oublie rien, et vous ferez bien de déguerpir au plus vite en tant que Goefle, puisque Goefle il y a. Ne sortez point de cette chambre sans vous masquer, redevenez Christian Waldo, et vous n'avez rien à craindre.

— Mais que pourrais-je donc craindre du baron, s'il vous plaît, quand même j'irais à lui à visage découvert? Est-ce, en effet, un homme capable de me faire assassiner?

— Cela, je n'en sais rien, Christian ; je vous jure

sur l'honneur que je n'en sais rien du tout, et vous pouvez m'en croire; car, si j'avais, dans mes rapports avec lui, acquis la plus légère preuve des choses dont on l'accuse, ces relations n'existeraient plus. Je me soucierais fort peu d'une clientèle lucrative, et je n'épargnerais pas à mon client des vérités dures, qu'elles fussent utiles ou non. Cependant certains bruits sont si accrédités, et les malheurs arrivés à ceux qui ont voulu tenir tête au baron sont si nombreux, que je me suis parfois demandé s'il n'avait pas ce mauvais œil qu'en Italie vous appelez, je crois, *gettatura ;* tant il y a que, pour ne pas attirer sans nécessité sur moi le *mauvais sort,* vous permettrez que je fasse passer *mon neveu* pour absent depuis ce matin, c'est-à-dire reparti pour de lointains voyages.

— Du moment que je vous envelopperais dans quelque risque à courir, comptez sur ma prudence. Je ne sortirai pas d'ici sans être masqué ou déguisé de façon à ce que personne ne reconnaisse en moi le galant et trop chevaleresque danseur de cette nuit.

Sur cette conclusion, M. Goefle et Christian Waldo se donnèrent une poignée de main. Nils, dont les fonctions s'étaient bornées à déjeuner pendant leur entretien, fut empaqueté de fourrures par son maître, qui eut à le placer sur le siége de son traîneau et à lui mettre en main le fouet et la bride ; mais une fois installé, Nils partit comme une flèche et descendit le rocher avec beaucoup d'adresse et d'aplomb. Conduire un cheval était la seule chose qu'il sût faire, et qu'il fît sans réclamer.

Quant à Ulf, M. Goefle lui ayant donné, avant de partir pour le château neuf, des ordres en conséquence, il prépara pour Christian le lit où avait couché Nils, et pour celui-ci un vaste sofa où il pourrait prendre ses aises; après quoi Ulf, toujours discret à l'endroit de sa désobéissance, alla s'occuper du service de son oncle sans lui faire aucunement part de la présence de ses hôtes au donjon.

VII

On n'a peut-être pas oublié que le vieux Stenson habitait un corps de logis situé au fond de la seconde petite cour ou préau dont se composait avec la première enceinte, un peu plus vaste, le manoir délabré du Stollborg. L'histoire de l'établissement de cet ancien château était une légende ; à l'époque du christianisme en Suède, il avait poussé tout seul sur le rocher dans l'espace d'une nuit, parce que le châtelain, alors païen, se voyant menacé, dans sa maison de bois, d'être emporté au fond du lac par une violente tempête d'automne, avait fait vœu d'embrasser la religion nouvelle, si le ciel le préservait du coup de vent. Déjà le toit venait d'être emporté ; mais à peine le vœu fut-il prononcé, qu'un donjon de granit s'éleva comme par enchantement des entrailles du rocher, et, le châtelain s'étant fait baptiser, jamais plus l'ouragan n'ébranla sa puissante et solide demeure.

En dépit de cette véridique histoire, les antiquaires du pays osaient dire que la tour carrée du Stollborg ne datait que de l'époque du roi Birger, c'est-à-dire du xive siècle. Quoi qu'il en soit, le château et le petit domaine avaient été acquis par un brave gentilhomme du nom de Waldemora, au xve siècle. Au xviie, Olaf de Waldemora devint le favori de la reine Christine, qui, en vertu d'une aliénation arbitraire de plusieurs fragments du domaine de la couronne, lui fit don de terres considérables dans cette partie de la Dalécarlie. L'histoire ne dit pas que ce Waldemora fût l'amant de la fantasque héritière de Gustave-Adolphe. Peut-être, dans un besoin d'argent, la reine lui céda-t-elle à bas prix ces importantes propriétés. Il est certain qu'à la *réduction* de 1680, lorsque l'énergique Charles XI fit reviser tous les titres d'acquisition et rentrer au domaine de la couronne tout ce qui avait été indûment aliéné par ses prédécesseurs, mesure terrible et salutaire à laquelle la Suède doit la dotation des universités, des écoles et des magistrats, la création de la poste aux lettres, de l'armée *indelta* et autres bienfaits que les *vieux bonnets* n'avaient guère pardonnés à la couronne à l'époque de notre récit, le baron de Waldemora se trouva en règle, conserva les grands biens qu'il tenait de son aïeul, et acheva les embellissements du château neuf, que celui-ci avait fait bâtir sur le bord du lac, et qui portait son nom.

Ce qui était debout de l'ancien manoir de la famille ne consistait donc que dans une tour qui paraissait fort élevée à cause du grand massif de maçonnerie au moyen duquel sa base plongeait jusqu'au bord du lac, mais qui, en réalité, ne contenait que deux étages, à savoir la chambre de l'ourse et la chambre de garde, donnant à peu près de plain-pied sur le préau, et, au-dessus, une ou deux chambres où, depuis une vingtaine d'années, c'est-à-dire depuis l'époque où l'on avait muré la partie inférieure, personne n'avait pénétré. Le reste du manoir, rebâti plusieurs fois, n'était qu'une espèce de *gaard* norvégien. On sait que le *gaard* est, en Norvége, une réunion de plusieurs familles vivant en communauté. Habitation de personnes, cuisines, réfectoires, étables et magasins, au lieu de se presser comme ailleurs, autant que possible, sous un même toit, forment diverses constructions dont chacune s'abrite sous un toit particulier, et dont l'ensemble présente un développement de nombreuses petites maisons distinctes les unes des autres. Plusieurs coutumes sont communes à la Suède et à la Norvége, surtout dans cette partie de la Dalécarlie qui se rapproche des montagnes frontières. A l'époque où le Stollborg, abandonné pour le château neuf, était devenu une ferme rurale, on comptait dans le pays plusieurs *gaards* disposés de cette façon. Comme dans toute la Suède et dans tous les pays où l'on bâtit en bois, celui-ci avait souvent pris feu, et les plus anciens de ces petits édifices en portaient encore la trace. Leurs arêtes carbonisées et leurs toits déjetés tranchaient comme des spectres noirs sur les fonds neigeux de la montagne.

Le préau, entouré de son hangar moussu, qui reliait tant bien que mal les diverses constructions, et dont la toiture de planches brillait d'une frange de stalactites de glace, offrait ainsi l'aspect d'un groupe de chalets suisses abandonnés. Depuis longtemps, la ferme avait été transportée ailleurs et le manoir tout entier laissé à la disposition de Stenson, qui ne faisait plus réparer ces cabanes sans valeur et sans autre emploi que celui d'emmagasiner quelques fourrages et légumes secs. Les dalles brutes de la cour étaient creusées au hasard de mille rigoles raboteuses tracées à la longue par les violents écoulements du dégel; pas une porte ne tenait sur ses gonds, et il semblait qu'à moins de quelque vœu aussi efficace que celui du premier châtelain, le moindre coup de vent dût, au premier printemps ou au premier automne, balayer ces masures au fond du lac.

La seconde petite cour, située derrière celle-ci, était une annexe plus moderne, d'un caractère moins pittoresque, mais infiniment plus confortable. Cette annexe datait de l'époque où le baron Olaüs de Waldemora avait hérité des biens de son frère Adelstan et pris possession du domaine. Il avait fait construire une sorte de second petit *gaard* pour son fidèle Stenson, afin, disait-on, de le décider à ne pas quitter cette résidence, dont il avait horreur. L'annexe formait donc un autre groupe, situé en contre-bas du premier, sur le versant du rocher. Ses toits en pente s'adossaient à la roche brute, et présentaient la singulière disposition en usage dans le pays, à savoir une couche de troncs de sapins bien joints par de la mousse, puis recouverts de feuilles d'écorce de bouleau et enfin d'une couche de terre semée de gazon. On sait que les gazons sur les toits rustiques de la Suède sont particulièrement soignés, quelquefois même dessinés en parterre, avec des fleurs et des arbustes. L'herbe y pousse drue et magnifique, les troupeaux y cherchent le plus friand morceau du pâturage.

C'est dans cette partie du vieux manoir appelée spécialement le *gaard*, tandis que l'autre retenait celui de *préau*, que Stenson vivait depuis une vingtaine d'années, si cassé et si frêle désormais, qu'il ne sortait presque plus de son pavillon, bien chauffé, meublé avec une extrême propreté et peint en rouge à l'extérieur, à l'oxyde de fer. Là, il avait certainement toutes ses aises : son appartement isolé de la maisonnette habitée par son neveu, sa cuisine dans un chalet, sa vache et sa laiterie dans un autre. L'existence de ce mystérieux vieillard n'en était cependant que plus monotone et plus mélancolique. On remarquait ou du moins on avait remarqué, lors de la construction de son habitation, avec quel soin il avait fait tourner les ouvertures du côté opposé au donjon et même au château. On n'y entrait que par une petite porte latérale, et, pour pénétrer dans sa chambre, il fallait serpenter par un petit couloir. On eût dit qu'il craignait d'apercevoir le donjon par une porte ouverte directement de ce côté. Après tout, c'était peut-être uniquement une précaution contre le vent d'ouest, qui soufflait de là.

Comme pour confirmer les *on dit* du pays, il était extrêmement rare que Stenson sortît de sa maisonnette, si ce n'est pour humer quelques rayons de soleil dans un étroit verger situé au bord du lac, toujours dans la direction opposée au donjon, et encore assurait-on qu'à l'heure où le soleil envoyait l'ombre grêle de la girouette sur les allées, il les quittait et rentrait chez lui avec précipitation, comme si cette ombre néfaste lui eût apporté l'horreur et la souffrance. Dans tout cela, les esprits forts du château neuf, majordome et valets de nouvelle roche, ne voyaient que les précautions excessives, poussées jusqu'à la manie, d'un vieillard frileux et maladif; mais Ulphilas et compagnie y voyaient la preuve irrécusable de l'installation d'esprits malfaisants et de spectres effroyables dans le lugubre Stollborg. Jamais, depuis vingt ans, disait-on, Stenson n'avait traversé le préau et franchi la porte de l'ouest. Quand une affaire avait nécessité sa présence au château neuf, il s'y était rendu par son petit verger, au bas duquel était amarrée, en été, sa barque particulière.

Bien que la présence du baron au château neuf, qui avait lieu lorsqu'il n'assistait pas au *stendœrne* (diète des États), dont il était membre, ne changeât rien à l'existence de Stenson, Ulphilas remarquait depuis quelques jours une singulière agitation chez son oncle. Il faisait des questions sur le donjon comme s'il se fût intéressé à la conservation de ce maudit géant. Il voulut savoir si Ulf y entrait de temps en temps pour donner de l'air à la chambre de l'ourse, à quelles heures, et s'il n'y avait rien remarqué d'extraordinaire. Ce jour-là, Ulf mentit, non sans remords, mais sans hésitation, en répondant de la tête et des épaules qu'il n'y avait rien de nouveau. Il avait de fortes raisons d'espérer que Stenson, ne sortant pas de sa chambre à cause du froid, ne s'apercevrait de rien, et il avait senti certains écus sonner, à son intention, dans la poche de M. Goefle sans que la voûte du Stollborg parût vouloir crouler d'indignation pour si peu. Sans être un homme avide, Ulf ne détestait pas les profits, et peut-être commençait-il à se réconcilier un peu avec le donjon.

Quand il eut fait ce mensonge et servi le second repas de son oncle, il allait se retirer, lorsque celui-ci lui demanda une certaine Bible qu'il consultait rarement et qui était rangée sur un rayon particulier de sa bibliothèque. Stenson la fit placer devant lui sur la table, et fit signe à Ulf de se retirer; mais celui-ci, curieux des intentions de son oncle, rouvrit la porte un instant après, bien certain de n'être pas entendu, et, debout derrière le fauteuil du vieillard, il le vit passer, comme au hasard, un couteau entre les feuillets du gros livre, l'ouvrir et regarder attentivement le verset sur lequel la pointe du couteau s'était arrêtée. Il répéta trois fois cette épreuve, sorte de pratique à la fois dévote et cabalistique usitée même chez les catholiques du Nord, pour démander à Dieu le secret de l'avenir d'après l'interprétation des paroles indiquées par le destin ; puis Stenson mit sa tête dans ses mains sur le livre fermé, comme pour le consulter avec son cerveau après l'avoir interrogé avec ses yeux, et Ulf se retira assez inquiet du résultat de l'expérience. Il avait lu les trois versets par-dessus la tête de son oncle. Les voici dans l'ordre où ils avaient été marqués par le hasard :

« ... Le gouffre et la mort disent : « Nous avons entendu parler d'elle ! »

« ... Ne pleurais-je point pour l'amour de celui qui a passé de mauvais jours ? »

« ... Les richesses du pécheur sont réservées au juste. »

Les versets détachés de ce livre mystérieux et sublime ont presque tous la faculté de se prêter à tous les sens que l'imagination leur demande. Aussi le vieux Sten, après avoir frissonné au premier et joint les mains au second, avait-il respiré, comme une âme soulagée, au troisième ; mais Ulphilas avait trop bu la veille pour interpréter convenablement les décisions du saint livre. Il se demanda cependant avec angoisse si la vieille Bible n'avait pas trahi à son oncle, sous une forme allégorique au-dessus de son intelligence, le secret de son mensonge.

Il fut distrait de ses rêveries par l'apparition d'un nouvel hôte dans le préau : c'était Puffo, qui venait se concerter avec Christian pour la représentation du soir. Puffo n'était pas démonstratif; il n'aimait pas la campagne en hiver, et n'entendait pas un mot de dalécarlien. Cependant il se trouvait d'assez bonne humeur en ce moment, et pour cause. Il dit bonjour à Ulf d'un air presque amical, tandis que celui-ci, stupéfait, le regardait entrer sans façon, comme chez lui, dans la chambre de l'ourse.

Puffo trouva Christian occupé à classer ses échantillons minéralogiques dans sa boîte.

— Eh bien, patron, à quoi songez-vous? lui dit-il. Il ne s'agit pas de s'amuser avec des petits cailloux, mais de préparer tout pour la pièce de ce soir.

— Parbleu! j'y songe bien, répondit Christian; mais que pouvais-je faire sans toi? Il est bien temps que tu daignes reparaître ! Où diable as-tu passé depuis hier?

Puffo raconta sans s'excuser qu'il avait fini par trouver bon souper et bon gîte à la ferme, qu'il avait dormi tard, et que, s'étant *lié* avec un laquais du château qui se trouvait là, il avait fait savoir à tout le monde l'arrivée de Christian Waldo au Stollborg. Après son déjeuner, le majordome du château l'avait fait venir. Il lui avait parlé très-honnêtement, en lui annonçant qu'à huit heures précises du soir, on comptait sur la pièce de marionnettes. M. le majordome avait ajouté :

— Tu diras à ton patron Christian que M. le baron désire beaucoup de gaieté, et qu'il le prie d'avoir infiniment d'esprit !

— C'est cela ! dit Christian. De l'esprit, par ordre de M. le baron ! Eh bien, qu'il prenne garde que je n'en aie trop ! Mais dis-moi, Puffo, n'as-tu pas ouï dire que le baron était malade ?

— Oui, il l'était cette nuit, à ce qu'il paraît, répondit le bateleur ; mais il n'y pense plus. Il se sera peut-être grisé, quoique ses laquais disent qu'il ne boive pas ; mais croyez ça, qu'un homme si riche se prive l'estomac de ce qu'il a dans sa cave !

— Et toi, Puffo, je gage que tu ne t'es pas privé de ce qui est tombé sous ta main ?

— Ma foi, dit Puffo, grâce au laquais qui a son amoureuse à la ferme et qui m'a invité à sa table, j'ai bu d'assez bonne eau-de-vie ; c'est de l'eau-de-vie de grain, un peu rude, mais ça réchauffe ; aussi ai-je bien dormi après...

— Je suis charmé de ton aubaine, maître Puffo, mais il faudrait songer à notre ouvrage ; va d'abord voir si Jean n'a ni faim ni soif, et puis tu reviendras prendre mes instructions. Dépêche-toi !

Puffo sortit, et Christian se mettait en devoir, non sans soupirer un peu, de fermer sa boîte de minéraux pour ouvrir celle des *burattini*, lorsque les grelots d'un équipage le firent regarder à la fenêtre. Ce n'était pas le docteur en droit qui revenait si tôt; c'était le joli traîneau azur et argent qui, la veille au soir, avait amené Marguerite au Stollborg.

Faut-il avouer que Christian avait oublié la promesse faite par cette aimable fille à l'apocryphe M. Goefle, de revenir le lendemain dans la journée? La vérité est que Christian, en raison des événements survenus au bal, n'avait plus compté sur la possibilité de cette visite, et qu'il n'en avait nullement averti le véritable Goefle. Peut-être regardait-il l'aventure comme inévitablement terminée, peut-être même désirait-il qu'elle le fût, car où pouvait-elle le conduire, à moins qu'il ne fût homme à abuser de l'inexpérience d'un enfant, sauf à emporter son mépris et ses malédictions?

Pourtant le traîneau approchait; il montait le talus, et Christian apercevait la jolie tête, encapuchonnée d'hermine, de la jeune comtesse. Que faire? Christian aurait-il le courage de lui fermer la porte au nez, ou de lui faire dire par Puffo que le docteur en droit était absent? Bah! Ulf ne manquerait pas de le lui apprendre; il n'était pas besoin de s'en mêler.

Le traîneau allait s'en retourner comme il était venu. Christian restait à la fenêtre, s'attendant à le voir redescendre; mais il ne redescendit pas, et la porte s'ouvrit. Marguerite parut, et Christian n'eut que le temps de refermer précipitamment la boîte d'où les marionnettes montraient indiscrètement leurs gros nez et leurs bouches riantes.

— Quoi! monsieur, s'écria la jeune fille avec surprise, vous êtes encore ici? Voilà une chose à laquelle je ne m'attendais pas! J'espérais que vous seriez parti!

— Vous n'avez donc rencontré personne dans la cour? dit Christian, qui n'était peut-être pas fâché de s'en prendre de cette circonstance à la destinée.

— Je n'ai vu personne, dit Marguerite, et, comme je viens en cachette, je suis entrée bien vite pour que personne ne me vît; mais, encore une fois, monsieur Goefle, vous ne devriez pas être ici. Le baron doit maintenant savoir le nom de la personne qui a osé le braver, et je vous jure que vous devriez partir.

— Partir? Vous me dites cela bien cruellement! mais vous me rappelez qu'en effet je suis parti. Oui, oui, rassurez-vous, je suis parti pour ne jamais revenir. M. Goefle m'ayant fait comprendre que je pouvais l'envelopper dans mes disgrâces, je lui ai promis de disparaître, et vous me trouvez en train de faire mes paquets.

— Oh! alors continuez, que je ne vous retarde pas!

— Vous êtes donc bien pressée de ne plus jamais entendre parler de moi? Mais prenez que c'est un fait accompli, que je suis déjà embarqué au moins pour l'Amérique, fuyant à pleines voiles mon redoutable ennemi, et versant quelques pleurs au souvenir de cette première contredanse qui sera en même temps la dernière de ma vie...

— Avec moi, mais non pas avec d'autres?

— Qui sait? Le moi qui vous parle en ce moment n'est qu'une ombre, un fantôme, le souvenir de ce qui fut hier. L'autre moi est le jouet des vagues et du destin; je m'en soucie comme d'un habitant de la lune.

— Mon Dieu, que vous êtes gai, monsieur Goefle! Savez-vous que je ne le suis pas du tout, moi?

— Au fait, dit Christian, frappé de l'air triste de Marguerite, je suis un misérable de consentir à parler de moi-même, quand je devrais ne m'inquiéter que des suites de l'événement d'hier au soir! Mais daignerez-vous me répondre encore, si je me permets de vous interroger?

— Oh ! vous le pouvez bien, après tout ce que le hasard m'a entraînée à vous faire savoir de moi... Cette nuit, ma tante m'a fort grondée, et ordre avait été donné à mademoiselle Potin de faire mes paquets pour me reconduire aujourd'hui à Dalby ; mais, ce matin, tout était changé, et, après un entretien secret avec le baron, qui a repris, dit-elle, *toute sa santé et toute sa gaieté*, il a été décidé que je resterais et que je n'aurais, jusqu'à ce soir, qu'à me préoccuper de ma toilette. A propos, vous savez que nous avons décidément Christian Waldo ? On dit même qu'il est logé ici, au Stollborg. Vous l'avez rencontré, s'il y est ? Vous l'avez vu ?

— Certainement.

— Sans masque ? Ah ! comment est-il ? A-t-il réellement une tête de mort ?

— Pis que cela ! il a une tête de bois.

— Allons donc, vous vous moquez ?

— Nullement. Vous jureriez, à le voir, que sa face a été taillée dans une souche avec un couteau qui coupait mal. Il ressemble à la plus laide de ses marionnettes ; tenez, à celle-ci.

Et Christian montra une figure de sbire grotesque qui sortait de la boîte, et que Marguerite eût pu apercevoir d'elle-même, si elle eût été moins préoccupée.

— Ah! vraiment! dit-elle avec un peu d'effroi, c'est donc là sa *boîte à malice?* Peut-être demeure-t-il avec vous dans cette chambre?

— Non, tranquillisez-vous, vous ne le verrez pas. Il est sorti, et il a prié M. Goefle de lui permettre de déposer ici son bagage.

— Pauvre garçon! reprit Marguerite pensive, il est aussi laid que cela! Croyez donc à ce qu'on dit! Il y a des gens qui l'on vu beau. Et il est vieux peut-être?

— Quelque chose comme quarante-cinq ans; mais à quoi songez-vous, et pourquoi êtes-vous triste?

— Je ne sais pas, je suis triste.

— Puisque vous restez au château et que vous verrez ce soir les marionnettes!

— Ah! tenez, monsieur Goefle, vous me traitez bien trop comme un enfant. Hier, il est vrai, au bal, j'étais gaie, je m'amusais, j'étais heureuse, je me croyais à jamais délivrée du baron; mais, aujourd'hui, ma tante a repris ses espérances, je le vois bien, et il faut que je reparaisse devant un homme que je hais franchement désormais. Ne m'a-t-il pas insultée lâchement hier? Ma tante a beau dire qu'il a voulu plaisanter, on ne plaisante pas avec une fille de mon âge comme avec un enfant. Pour consoler un peu mon orgueil blessé, je me dis qu'il a plutôt parlé dans le délire, et que son attaque de nerfs commençait déjà quand il m'a dit ces grossières paroles; c'est aussi l'opinion de mes compagnes; mais que sais-je de ce qu'il me dira aujourd'hui, quand je le reverrai? Qu'il soit méchant ou fou, s'il m'outrage encore, qui prendra ma défense? Vous ne serez plus là, et personne n'osera...

— Comment! personne n'osera? Quels sont donc ces hommes dont vous êtes entourée? Et ces braves jeunes gens que j'ai vus hier?...

— Oui, certes, je les crois tels; mais ils ne me connaissent pas, monsieur Goefle, et peut-être croiront-ils que je mérite les outrages du baron. C'est une assez triste recommandation pour moi que d'être produite dans le monde par ma tante, qui, bien à tort certainement, a la réputation de tout sacrifier à des questions d'intérêt politique.

— Pauvre Marguerite! dit Christian frappé de la pénible situation de cette aimable fille.

Comme il était ému sincèrement et n'avait aucune idée de familiarité offensante, Marguerite n'entendit aucune malice à lui laisser prendre sa main, que, du reste, il quitta aussitôt en revenant au sentiment de la réalité des circonstances.

— Voyons, dit-il, il faut pourtant que vous preniez une résolution?

— Elle est toute prise. Il n'y a que le premier pas qui coûte. Maintenant, j'affronterai le terrible Olaüs en toute rencontre ; je lui dirai son fait devant tout le monde, et je consentirai à passer pour un démon de malice plutôt que pour une favorite de ce pacha dalécarlien. Après tout, je me défendrai mieux toute seule ; car, si vous étiez là, je craindrais de vous voir prendre mon parti à vos dépens, et je me contiendrais davantage. C'est égal, monsieur Goefle, je n'oublierai jamais les bons conseils que vous m'avez donnés et la manière chevaleresque dont vous avez réprimé cet affreux baron. Je ne sais pas si nous nous reverrons jamais ; mais, quelque part que vous soyez, je vous suivrai de tous mes vœux, et je prierai Dieu pour qu'il vous donne plus de bonheur que je n'en ai.

Christian fut vivement touché de l'air affectueux et sincère de cette charmante fille. Il y avait une véritable effusion de cœur dans son regard et dans son accent, sans le plus petit embarras de coquetterie.

— Bonne Marguerite, lui dit-il en portant sa jolie main à ses lèvres, je vous jure bien que, moi aussi, je me souviendrai de vous ! Ah ! que ne suis-je riche et noble ! j'aurais peut-être le pouvoir de vous secourir, et à coup sûr je ferais tout au monde pour obtenir le bonheur de vous protéger; mais je ne suis rien, et, par conséquent, je ne peux rien.

— Je ne vous en sais pas moins de gré, reprit Marguerite. Je me figure que vous êtes un frère que je ne connaissais pas, que Dieu m'a envoyé pour un moment, à l'heure de ma détresse. Prenez ainsi notre courte réunion, et disons-nous adieu sans désespérer de l'avenir.

La candeur de Marguerite fit entrer un remords dans l'âme de Christian. D'un moment à l'autre, M. Goefle pouvait revenir, et il était impossible que la jeune comtesse, qui avait si bien remarqué la similitude d'accent du faux oncle et du faux neveu, ne fût pas frappée, en les voyant ensemble, de l'absence complète de ressemblance. D'ailleurs, M. Goefle ne se prêterait certainement pas à soutenir une pareille supercherie, et il en coûtait à Christian de penser que Marguerite conserverait de lui un mauvais souvenir. Il se confessa donc de lui-même, et avoua que, ne la connaissant pas, il s'était permis la mauvaise plaisanterie de prendre la pelisse et le bonnet du docteur pour jouer son rôle, ajoutant qu'il s'en était vivement repenti en voyant de quelle âme angélique il avait voulu se divertir. Marguerite fut un peu fâchée. Elle avait eu un instant la révélation de la vérité, en entendant Christian lui adresser la parôle au bal pour la première fois ; mais il avait l'air si sincère en lui racontant qu'il avait tout entendu de la chambre voisine, qu'elle s'était défendue de ses propres soupçons.

— Ah! que vous savez bien mentir, lui dit-elle, et que l'on serait facilement dupe de vos explications! Je ne me trouve pas offensée de la plaisanterie en elle-même : en venant ici, je faisais une imprudence et un coup de tête dont j'ai été punie par une mystification ; mais ce qui me rend triste, c'est que vous ayez persisté jusqu'au bout avec tant d'aplomb et de candeur.

— Dites avec remords et mauvaise honte ; une première faute en entraîne d'autres, et...

— Et quoi? qu'avez-vous encore à confesser?

Christian avait été au moment de dire toute la vérité. Il s'arrêta en sentant que le nom de Christian Waldo ferait fuir Marguerite, troublée et indignée. Il se résigna donc à n'être qu'à moitié sincère et à rester Christian Goefle pour la jeune comtesse ; mais cette dissimulation, dont il se fût diverti intérieurement à l'égard de tout autre, lui devint très-pénible lorsqu'elle fixa sur lui ses yeux limpides, attristés par une expression de crainte et de reproche.

— J'ai voulu jouer comme un enfant avec un enfant, pensa-t-il; mais voilà que, malgré nous, le sentiment s'en mêle, et plus il se fait honnête et délicat, plus je me fais coupable...

A son tour, il devint triste, et Marguerite s'en aperçut.

— Allons, lui dit-elle avec un sourire de radieuse bonté, ne gâtons pas par des scrupules ce joli chapitre de roman qui va finir sans nous laisser moins bien intentionnés tous les deux. Vous n'avez pas abusé de ma confiance pour vous moquer réellement de moi, puisque vous m'avez, au contraire, aidée à compter sur moi-même pour conjurer la mauvaise destinée; et, loin de me sentir blessée et ridicule, je me trouve plus affermie sur mes pauvres pieds que je ne l'étais hier à pareille heure.

— Cela est certain, n'est-ce pas? dit Christian avec vivacité, et le ciel m'est témoin...

— Achevez, dit Marguerite.

— Eh bien, dit Christian avec chaleur, le ciel m'est témoin que, dans tout ceci, je n'ai pas eu de préoccupation personnelle, et que la pensée de votre véritable bonheur a été ma seule pensée.

— Je le sais bien, Christian, s'écria Marguerite en se levant et en lui tendant les deux mains; je sais bien que vous n'avez vu en moi qu'une pauvre sœur devant Dieu... Je vous en remercie, et, à présent, je

vous dis adieu, car votre oncle va revenir; il ne me
connaît pas, et il est fort inutile de lui dire que je
suis venue. Vous lui direz, au reste, ce que vous voudrez; je suis bien certaine qu'il ne travaillera pas
contre moi, et qu'il est aussi honnête homme et
aussi généreux que vous-même.

— Mais cependant..., dit Christian, qui voyait à
regret la fin du roman se précipiter, vous veniez lui
dire quelque chose ; il faudrait peut-être qu'il le
sût...

— Je venais, dit Marguerite avec un peu d'hésitation, lui demander de me dire au juste les projets
de ma tante sur moi en cas de révolte ouverte de ma
part... Mais c'était encore une lâcheté, cela. Je n'ai
pas besoin de le savoir. Qu'elle me bannisse, qu'elle
m'isole, qu'elle m'enferme, qu'elle me batte, qu'importe? Je ne faiblirai pas, je vous le promets, je
vous le jure... Je n'épouserai jamais qu'un homme
que je pourrai... estimer.

Marguerite n'avait pas osé dire *aimer*. Christian
n'osa pas non plus prononcer ce mot; mais leurs
yeux se l'étaient dit, et leurs joues s'animèrent simultanément d'une rougeur sympathique. Ce fut,
après cette heure d'entretien confidentiel, l'unique
et rapide épanchement de leurs âmes, et encore
n'en eurent-ils conscience ni l'un ni l'autre, Margue-

rite parce qu'elle ne savait pas qu'elle aimait, Christian parce qu'il se croyait certain de ne pas aimer. Et pourtant, lorsque Marguerite fut remontée dans son traîneau, et que Christian l'eut perdue de vue, il se fit en eux comme un déchirement. Des larmes qu'elle ne sentit pas couler mouillèrent lentement les joues de la jeune fille, et Christian, absorbé dans des rêveries confuses, soupira profondément, comme si, d'un beau rêve de soleil, il retombait dans les glaces de l'hiver. Pour voir plus longtemps le traîneau, il rentra dans la salle de l'ourse, et se mit à la fenêtre entre les deux châssis; mais un frôlement derrière lui le fit retourner, et il fut témoin d'une scène qui lui causa beaucoup de surprise.

Un vieillard grêle et pâle, d'une figure distinguée, vêtu de gris fort proprement, à l'ancienne mode, était debout au milieu de la chambre, une branche verte à la main. Christian ne l'avait pas entendu entrer, et cette figure, éclairée en profil par le soleil déjà très-oblique, qui envoyait par l'unique et longue fenêtre un rayon rouge et poudreux dans la salle assombrie, avait l'apparence d'une vision fantastique. L'expression de cette figure n'était pas moins étrange que sa présence inattendue. Elle semblait indécise, étonnée elle-même de se voir là, et ses petits yeux vitreux contemplaient avec surprise les modifications apportées au morne arrangement de la salle par ses nouveaux occupants. Avec un peu de réflexion, Christian comprit que ce n'était point là un spectre, mais bien probablement le vieux Stenson, qui venait rendre ses devoirs à M. Goefle, et qui s'étonnait de ne pas le trouver. Mais que signifiait la branche verte, et pourquoi cet air craintif et désappointé?

C'était le vieux Stenson, en effet; et, comme il avait la vue aussi nette qu'il avait l'oreille embarrassée, le feu allumé, la table servie, la pendule en mouvement l'avaient frappé tout d'abord; mais il n'avait pas les allures promptes, et Christian eut le temps de reculer un peu derrière un pan de rideau frangé par la dent des souris avant que l'œil du vieillard eût fait l'inspection de cette fenêtre ouverte. Christian put donc l'observer avant d'être observé lui-même. Quant à Stenson, il pensa que son neveu, dont il n'ignorait pas l'ivrognerie, avait invité quelques amis à faire, à son insu, le réveillon de Noël dans cette chambre. A quel point il en fut indigné, c'est ce que lui seul eût pu nous dire. Son premier soin fut de faire disparaître ce scandaleux désordre. Il commença par écarter avec la pince de fer les charbons enflammés dans le poêle pour que le feu s'éteignît de lui-même; puis, avant de se mettre en devoir d'emporter le service de table ou de le faire emporter par le délinquant, il arrêta le balancier de la pendule et replaça l'aiguille sur quatre heures, telle que Christian l'avait trouvée, lorsque, d'une main profane, il s'était permis de la faire marcher. M. Stenson se retourna ensuite comme pour compter les bougies du lustre; mais, le soleil lui venant dans les yeux, il se dirigea vers la fenêtre pour la fermer préalablement.

En ce moment, Christian, qui allait être surpris, se montra. A son apparition nimbée par les rayons du couchant, Stenson, qui n'était peut-être pas le moins superstitieux de la famille, recula jusqu'au-dessous du lustre, et une telle angoisse se peignit sur ses traits, que Christian, oubliant sa surdité, lui adressa la parole avec douceur et déférence pour le rassurer; mais sa voix se perdit sans écho dans la salle ouverte et refroidie. Stenson ne vit que le mouvement de ses lèvres, sa belle figure et son air bienveillant. Il tomba sur ses genoux en lui tendant les bras comme pour l'implorer ou le bénir, et en lui présentant avec un tremblement convulsif sa branche de cyprès comme une palme offerte en hommage à quelque divinité.

— Voyons, mon brave homme, lui dit Christian

en élevant la voix et en s'approchant pour le relever, je ne suis pas le bon Dieu, je ne suis même pas le bon ange de Noël qui entre par les fenêtres ou descend par les cheminées ; levez-vous !... Je suis...

Mais Christian s'arrêta en voyant une pâleur livide se répandre sur la figure déjà si blême du vieillard. Il comprit qu'il lui causait un effroi mortel, et il s'éloigna pour lui donner le temps de se ranimer. Stenson, en effet, se remit un peu, mais tout juste assez pour songer à fuir. Il se traîna un instant sur ses genoux, se releva avec effort, et sortit par la chambre à coucher, en murmurant des paroles sans suite et qui ne présentaient aucun sens. Le jugeant en proie à un accès de démence, effet de l'âge ou d'une dévotion exaltée, Christian s'abstint de le suivre dans la crainte de l'achever, et, ramassant la palme que le vieillard avait laissé tomber à ses pieds, il lut, sur une petite bande de parchemin qui s'y trouvait attachée, ces trois versets de la Bible écrits d'une main encore assez ferme :

« Le gouffre et la mort disent : « Nous avons en-
» tendu parler d'elle !... »

« Ne pleurais-je point pour l'amour de celui qui a passé de mauvais jours ?... »

« Les richesses du pécheur sont réservées au juste... »

L'imagination de Christian n'eut pas le loisir de trotter longtemps à la poursuite de cette énigme. Le jour marchait vite. A une heure et demie après midi, les ombres transparentes des cimes neigeuses s'allongeaient déjà sur la surface bleuie du lac. C'était un beau spectacle, et que Christian eût aimé à contempler sans préoccupation. Ces courtes journées du Nord ont des aspects infiniment pittoresques, et même, en plein jour, les choses y sont *à l'effet,* comme disent les peintres, c'est-à-dire qu'en raison de l'obliquité des rayons solaires, elles baignent dans la lumière et dans l'ombre, comme chez nous aux heures du matin et du soir. C'est là probablement le secret de cette beauté de la lumière dont les voyageurs dans les climats septentrionaux parlent avec enthousiasme. Ce ne sont pas seulement les sites extraordinaires, les cascades impétueuses, les lacs immenses et les splendeurs des aurores boréales qui leur laissent de si enivrants souvenirs de la Suède et de la Norvége ; c'est, disent-ils, cette clarté délicieuse où les moindres objets prennent un éclat et un charme dont rien ailleurs ne saurait donner l'idée.

Mais notre héros, tout en se rendant compte de la beauté du ciel, remarquait la décroissance du jour, et voyait de loin les apprêts de la fête dont il était en partie responsable. Les cheminées du château neuf envoyaient d'épaisses spirales de fumée noire sur les nuages de nacre rose. Des coups de fusil, répétés par les sourds échos des neiges, annonçaient les efforts des chasseurs pour alimenter les broches de ces âtres pantagruéliques. On voyait courir en tous sens, sur d'agiles patins, des messagers affairés, se croisant et se culbutant quelquefois sur la glace du petit lac. On faisait main-basse sur toutes les ressources du pays, depuis la bûche monstrueuse qui devait figurer dans chaque salle du manoir jusqu'à la pauvre perdrix blanche qui croyait, grâce à sa robe d'hiver, échapper à l'œil sagace de l'homme et au flair impitoyable du chien de chasse.

On apprêtait donc une splendide cinquième nuit de Noël (car on était au 28 décembre), et Christian seul ne s'apprêtait pas. Il s'impatientait de ne pas voir revenir Puffo. Après s'être recostumé en pauvre diable et avoir enfoui sa belle figure dans sa plantureuse chevelure ramenée en avant, tandis que son chapeau pointu s'enfonçait sur ses yeux, il alla chercher son valet dans le préau, dans le *gaard*, et jusque dans la cuisine, où, la veille, il avait tant effrayé Ulphilas. Il oublia d'aller jusque dans la cave; c'est là qu'il eût trouvé Puffo en possession du paradis de ses rêves.

Christian allait revenir sur ses pas, lorsque l'idée lui vint d'aller explorer le petit verger de maître Stenson. Il y jeta préalablement un regard, et, s'étant assuré que le vieux majordome auquel sa présence avait causé tant d'alarme n'y était pas, il descendit l'allée rapide qui conduisait au niveau du lac. De là, il pouvait voir tout le côté du *gaard* qui plongeait en talus sur le fond de la petite anse. La vieille maçonnerie était si bien liée au rocher, qu'on distinguait peu la fortification naturelle de celle qui était faite de main d'homme, revêtue d'ailleurs de longues chevelures de plantes pariétaires, toutes cristallisées dans le givre et trempant dans le lac, où elles étaient fortement prises dans la glace. Parvenu en cet endroit. Christian essaya de se rendre compte de ce qui lui était arrivé la veille, lorsqu'il avait voulu explorer le passage secret de la chambre de l'ourse. Nous avons promis au lecteur de le lui raconter, et le moment est venu de le faire.

On se souvient que, pour aller à la recherche d'un souper quelconque, il s'était aventuré dans ce passage qui, masqué par une porte très-bien jointe à la boiserie, partait du dessous de l'escalier, et qu'il croyait devoir aboutir au logement de M. Stenson. Il n'en était cependant rien. Christian, après quelques pas dans un couloir étroit, avait trouvé un petit escalier rapide et encombré de gravois, sur lequel, depuis longtemps, il ne semblait pas qu'on eût marché. Au bas de cet escalier très-profond, il avait rencontré une porte ouverte. Étonné de trouver libre un passage qui paraissait si mystérieux, il avait essayé de passer outre; mais un coup de vent avait éteint sa bougie, et il s'était trouvé dans les ténèbres. Il avait fait ainsi quelques pas avec précaution; enfin, la lune se dégageant des nuages, il s'était vu dans une sorte de grotte, ouverte de distance en distance sur le lac. Il avait suivi cette galerie, qui paraissait creusée par la nature, et où pénétrait l'eau du lac; marchant ensuite sur la glace, il était arrivé devant une petite porte à claire-voie, facile à escalader, au moyen de laquelle il avait pu pénétrer dans le verger, puis dans le *gaard* de M. Stenson.

C'est cette porte, flanquée de deux jeunes ifs taillés en pain de sucre, qui frappait maintenant Christian, et qui l'aidait à reconnaître les points principaux de son exploration nocturne. Bien qu'il n'espérât guère trouver Puffo de ce côté-là, Christian sortit du verger, et se mit à suivre sur le lac les talus extérieurs du manoir, dans la direction du donjon. Il était curieux de revoir au jour le trajet qu'il avait fait, moitié à tâtons, moitié à la clarté de la lune.

Il arriva ainsi à l'entrée de ce qui lui avait paru être une grotte. Ce n'était en réalité qu'un entassement d'énormes blocs de granit, de ceux qu'on appelle, je crois, erratiques, pour signifier qu'on les trouve isolés de leur roche primitive, dans des régions d'une nature différente, où ils n'ont pu se produire. On suppose qu'ils sont le résultat de quelque cataclysme primitif ou moderne, fureur des eaux ou travail des glaces, qui les aurait amenés de très loin dans les sites où on les rencontre. Ces blocs étaient arrondis en forme de galets, et une superposition capricieuse semblait attester que, poussés par des courants impétueux, ils s'étaient trouvés arrêtés par la massse micaschisteuse du Stollborg, à laquelle ils servaient désormais d'appui et de contrefort. La marche n'était guère facile en cet endroit à cause de la neige tombée dans la soirée précédente, et que le vent avait balayée ou plutôt roulée en gros plis, comme un linceul, le long des galets.

Christian allait donc revenir sur ses pas, lorsqu'il fut frappé de la tournure pittoresque du donjon, vu ainsi d'en bas, et il s'en éloigna un peu pour en mieux saisir l'ensemble. Il chercha machinalement à se rendre compte de la situation de la salle de l'ourse, et en reconnut aisément l'unique croisée à la hauteur d'environ cent pieds au-dessus du niveau du lac et cinquante au-dessus de la cime des galets. Il ne faisait pas très-froid, et Christian, qui avait toujours un petit album dans sa poche, se mit à esquisser lestement le profil de la tour, avec son grand escarpement sur le roc et son chaos de gigantesques galets, dont l'entassement fortuit laissait, comme dans celui des grès de Fontainebleau, des galeries et des passages couverts, d'un effet très-bizarre.

Pendant qu'il étudiait ce site caractérisé, Christian entendit chanter et n'y fit pas d'abord grande attention. C'était une voix rustique, une voix de femme, assez juste, mais voilée et souvent chevrotante, comme celle d'une personne âgée ou débile. Elle semblait psalmodier une sorte de cantique dont la mélancolique mélodie avait quelque chose d'agréable dans sa monotonie. Ce chant, triste et grêle, berça pendant quelque temps l'esprit de l'artiste, et le tint dans une disposition particulièrement propre à comprendre et à rendre la nature d'un site avec lequel la voix semblait être en parfaite harmonie. D'abord les paroles étaient confuses pour Christian ; cependant, comme il les écoutait machinalement, il les comprit peu à peu, car il reconnut que c'était du suédois prononcé avec l'accent dalécarlien. Bientôt les paroles lui parurent si étranges, qu'il les écouta avec plus d'attention.

« J'ai vu un château, un château carré au soleil couchant. Ses portes sont tournées au nord. Des gouttes de poison suintent à travers les soupiraux ; il est pavé de serpents.

» L'arbre du monde s'embrasse, le puissant frêne s'agite. Le grand serpent mord les vagues. L'aigle crie ; de son bec pâle, il déchire les cadavres ; le vaisseau des morts est mis à flot.

» Où sont les ases ? où sont les alfes ? Ils soupirent à l'entrée des cavernes. Le soleil commence à noircir ; tout meurt.

» Mais la terre, admirablement verte, recommence à briller du côté de l'orient ; les eaux s'éveillent, les cascades se précipitent.

» J'ai vu un palais plus beau que le soleil sur le sommet du Gimli... et maintenant je ne vois plus, la Vala retombe dans la nuit. »

Peu à peu Christian avait reconnu dans ces fragments d'une sombre poésie des vers un peu arrangés ou pris au hasard de la mémoire dans l'antique poëme de *la Voluspa*. La prononciation rustique de la chanteuse rendait ceci fort extraordinaire. Les paysans de cette contrée avaient-ils gardé la tradition de ces chants sacrés de la mythologie scandinave ? Ce n'était guère probable ; alors qui les avait traduits et enseignés à cette femme ? Christian, en voyageur curieux de toutes choses, résolut d'aller interroger la chanteuse dès qu'il aurait fini son croquis ; mais, lorsqu'au bout d'un instant il remit son album dans sa poche, la voix avait cessé de se faire entendre. Il regarda de toutes parts et ne vit personne. Réduit à supposer qu'elle était cachée par les galets, il se mit en devoir de les explorer. Ce n'était pas plus facile que de marcher sur le gros ourlet de neige amoncelée qui les bordait. Dans l'intérieur de la principale caverne qui suivait capricieusement pendant une cinquantaine de pas la base du rocher, la glace présentait un sol écailleux et glissant, comme si les remous de la rive eussent été instantanément gelés dans quelque froide nuit d'automne.

Pourtant notre aventurier parvint à retrouver la trace de ses propres pas de la veille, lorsqu'il avait cru marcher sur des débris de briques et de tuiles, et bientôt il retrouva aussi la porte mystérieuse par laquelle il était sorti du donjon ; mais, cette fois, elle était fermée. Christian remarqua deux forts pitons de fer et un cadenas dont on avait emporté la clef. Le fait était récent. La chanteuse devait être une personne attachée, comme Stenson et Ulphilas, à la garde du vieux manoir. Elle ne pouvait pas être bien loin, puisqu'elle chantait encore cinq minutes auparavant ; elle ne pouvait pas être ailleurs que dans les galets, puisque, sur le lac et sur les talus du donjon, aussi loin et aussi haut que sa vue pouvait s'étendre, Christian n'avait vu personne. Il revint sur ses pas pour sortir de la grotte, qui était assez sombre, et qui ne s'éclairait, vers le milieu de son parcours, que par une ouverture naturelle, sous laquelle il s'arrêta un instant, pour regarder le ciel ; mais avec le ciel il vit un objet qui surplombait le rocher et qui faisait saillie sur le flanc lisse et nu du donjon. Il reconnut bientôt que c'était le dessous du balcon de pierre qui portait le double châssis vitré de la chambre de l'ourse, de telle sorte que, de ce balcon, on eût pu, à travers l'entassement des blocs, descendre sur les galets avec une échelle ou avec une corde, et se trouver à couvert aussitôt sous la voûte qu'ils formaient à cet endroit.

Christian, qui était romanesque, bâtit aussitôt la possibilité d'un système d'évasion en cas de guerre ou de captivité dans le donjon du Stollborg. Il gravit les galets qui formaient les irrégulières parois de la grotte, et parvint, non sans peine, à en sortir par cette ouverture, qu'il se convainquit n'avoir pas été faite de main d'homme. Cet examen l'amena à une réflexion que chacun de nous a eu, ne fût-ce qu'une fois en sa vie, l'occasion de faire : c'est que, dans les situations désespérées, il se présente par moment des chances tellement invraisemblables, qu'elles semblent sortir du domaine de la réalité, et empiéter sur celui du roman fait à plaisir. Néanmoins, songeant toujours à trouver la chanteuse, il poursuivit son exploration dans les galets, dont les intervalles irréguliers étaient presque tous plus ou moins praticables; il n'y vit personne, et il allait renoncer à sa recherche, lorsque la voix se fit encore entendre, partant cette fois de plus bas qu'il n'avait semblé à Christian devoir le présumer lorsqu'il l'avait entendue en premier lieu. Il se dirigea de ce côté ; mais, lorsqu'il eut atteint l'endroit où il pensait trouver cette mystérieuse rapsode, son chant, qui s'était brusquement interrompu, comme celui de la cigale à l'approche de l'homme, résonna d'un autre côté et de beaucoup plus haut, comme s'il planait dans l'espace. Christian leva la tête, et remarqua, sur le flanc du donjon, une longue fissure à demi perdue sous le lierre, qui s'étendait presque verticalement d'une croisée située au second étage, très à droite de celle de l'*ourse*, jusqu'à un pan de mur écroulé, qui se terminait par de nouveaux blocs de rocher.

Il lui sembla même voir crouler de petites pierres le long de cette lézarde, comme si quelqu'un venait de s'y introduire; mais, en s'en approchant autant que possible, il la regarda comme inaccessible à des pas humains, et se dirigea plus loin.

Cependant la voix recommençait son chant plaintif, et Christian s'amusa ou plutôt s'impatienta à chercher la chanteuse, de place en place, dans le petit chaos formé par les blocs granitiques; mais, chaque fois, ce fut pour lui une déception nouvelle, à ce point qu'il en fut un peu ému. Ce chant sauvage, ces fragments d'une noire apocalypse tronqués et comme inspirés par le délire, dans ce lieu sinistre et à cette heure mélancolique du soir, avaient quelque chose d'effrayant, et Christian pensa involontairement à ces sorcières des eaux dont l'existence fait le fond de toutes les légendes suédoises et même celui de la croyance populaire dans tout le nord de l'Europe.

Il se persuada alors que la voix devait sortir du donjon même. Il y avait peut-être là, dans quelque geôle, une personne captive, et par trois fois il l'appela au hasard en lui donnant le nom mythologique de *Vala*, c'est-à-dire de sybille, qu'elle semblait vouloir s'attribuer dans son chant. Dès lors la voix redevint muette, ce qui semblait d'accord avec la tradition superstitieuse du pays, que, quand on vient à bout d'appeler par leur nom les esprits grondeurs ou plaintifs des montagnes, on les intimide ou on les console, et que dans tous les cas on leur impose silence.

Mais une autre idée poursuivait Christian pendant qu'il reprenait en dehors le chemin du donjon; et il n'y rentra pas sans se demander si quelque victime du mystérieux baron Olaüs ne gémissait pas, atteinte de folie, dans quelque cachot situé sous ses pieds. Il oublia cette fantaisie de son imagination en trouvant M. Goefle attablé dans la salle de l'ourse.

— Eh bien, lui cria l'avocat sans se déranger, vous avez failli me mettre dans de belles affaires avec votre équipée de cette nuit! Le baron, chose étrange, ne m'en a pas dit un mot; mais la comtesse Elveda n'a jamais voulu me croire quand je lui ai juré et protesté que je n'avais ni neveu, ni enfant naturel.

— Quoi! monsieur Goefle, vous avez désavoué un fils qui vous faisait tant d'honneur?

— Ma foi, oui; il n'y avait pas moyen pour moi de soutenir la plaisanterie et de prendre la responsabilité d'une pareille mystification. Savez-vous que vous n'avez point du tout passé inaperçu, et qu'indépendamment de votre scène avec l'amphitryon, vous avez frappé tout le monde, les dames surtout, par vos grâces et vos belles manières? J'ai trouvé dans l'appartement de ladite comtesse cinq ou six élégantes de province qui ont la tête montée à votre endroit, et, quand j'ai donné ma parole d'honneur que cet inconnu ne m'était rien, il fallait entendre les suppositions, les commentaires ! Quelques-unes ont failli songer que ce pouvait bien être Christian Waldo, dont on raconte de si bons tours ; mais l'opinion a prévalu que vous étiez le prince royal voyageant incognito dans son futur royaume.

— Le prince Henri, qui est maintenant à Paris ?

— Lui-même, et cela servait merveilleusement à expliquer l'attaque de nerfs du baron, qui le déteste, et qui se serait ainsi trouvé aux prises avec sa haine, son ressentiment et le respect qu'il doit au futur héritier du trône.

— Mais la comtesse Elveda ne peut pas partager une si absurde erreur ?

— Non, certes : elle connaît trop le prince ; mais elle est fort moqueuse et s'est amusée de ces dames en prétendant que vous ressembliez tellement à notre futur monarque, qu'elle ne savait que penser. Seulement, comme je sortais, elle m'a pris à part pour me dire : « Vous êtes sévère, monsieur l'avocat, de désavouer ce jeune imprudent. Pour moi, je l'ai trouvé fort aimable ; et, s'il ne vous ressemble pas par le visage, du moins il tient de vous par l'esprit et la distinction des manières. »

— Eh bien, cela est très-flatteur pour moi, monsieur Goefle; mais elle persiste donc à me prendre pour votre fils?

— Sans aucun doute, et plus je protestais du contraire, plus elle riait en me disant qu'il ne m'était plus possible de vous désavouer, puisque vous aviez hautement pris mon nom pour vous présenter dans le monde. « Le vin est tiré, disait-elle, il faut le boire. C'est une mauvaise tête qui vous fera enrager; c'est la juste punition des folies de jeunesse d'avoir des enfants terribles! » Voyez un peu quelle tache vous avez faite à mes mœurs! Enfin, pour me débarrasser de vous, j'ai dit que, fils ou neveu, vous étiez parti, chassé honteusement par moi pour avoir manqué de respect à M. le baron.

— Soit, monsieur Goefle : vous avez bien fait, vu que, quant au baron... je ne sais si je rêve, mais je commence à le croire aussi barbe-bleue que le peint la légende du pays.

— Ah! ah! vraiment? Eh bien, contez-moi donc ça, mais en mangeant, car il est deux heures passées, et vous devez mourir de faim.

— Ma foi, non! il me semble que je sors de table. N'avons-nous pas mangé jusqu'à midi?

— Eh bien, ne savez-vous pas que, dans nos climats froids, il faut manger de deux heures en deux heures? Moi, je viens de prendre le café au château neuf, et, maintenant, ceci est le dîner. A quatre heures, nous prendrons le café ensemble; à six, nous ferons l'*aftonward,* c'est-à-dire que nous mangerons du pain, du fromage et du beurre en attendant le souper.

— Merci-Dieu! comme vous y allez! Je sais bien que c'est là l'ordinaire des gros bourgeois de Stockholm; mais vous, si svelte encore, monsieur Goefle!

— Eh bien, voulez-vous que je devienne un squelette? Ce serait bientôt fait si je changeais quelque chose au régime du pays. Croyez-moi, suivez-le, ou vous ne tarderez pas à tomber malade.

— Pour vous obéir, monsieur Goefle, il me faudrait deux choses : le temps et mon valet Puffo. Or, le temps marche, et mon valet m'est apparu un instant pour disparaître aussitôt et ne revenir peut-être que demain matin.

— Est-ce que je ne pourrais pas vous aider, moi? De quoi s'agit-il?

— De bien des choses; mais la principale est encore d'arrêter un canevas de pièce que mon animal de Puffo soit en état de représenter avec moi. Il ne manque pas de mémoire, à la condition d'une répétition avant la représentation; et, comme, depuis plusieurs jours nous voyageons sans rien faire, et qu'i. s'est enivré cette nuit probablement...

— Allons, allons, vous avez cinq heures devant vous, c'est immense ! Il ne m'en faut pas tant quelquefois pour étudier une cause diablement plus embrouillée que vos comédies de marionnettes ! Je promets de vous aider, vous dis-je, mais à la condition que vous allez vous asseoir et manger avec moi, car je ne connais rien de plus triste que de manger seul.

— Vous me permettrez de manger vite au moins, dit Christian en prenant place vis-à-vis de l'avocat, et de ne pas trop causer, car j'ai besoin de mes poumons pour aujourd'hui !

— Bien, bien ! reprit M. Goefle en taillant la part de Christian dans une énorme pièce de veau froid, morceau très-apprécié de la bourgeoisie en Suède quand il est cuit à point; mais que me disiez-vous en entrant ici? Qu'auriez-vous découvert si vous eussiez eu le temps?...

Christian raconta son aventure, et la termina en demandant à M. Goefle s'il pensait que la base du Stollborg contînt une ancienne prison.

— Ma foi, je n'en sais rien, répondit l'avocat. Qu'il y ait une cave dans ce gros massif de maçonnerie qui est sous nos pieds, c'est fort possible, et qu'en ce cas elle ait servi de geôle, je n'en doute pas. Les mœurs de nos ancêtres n'étaient pas fort tendres, et, d'ailleurs, les seigneurs sont encore justiciers sur leurs terres.

— Ainsi vous ne doutez pas non plus que cette base du donjon ne puisse encore servir de geôle aujourd'hui?

— Qui sait? Vous en voulez conclure...?

— Qu'il y a peut-être là quelque crime enfoui, quelque victime encore vivante d'une des mille vengeances ténébreuses attribuées au baron.

— Tiens! ce serait drôle de découvrir ça, dit l'avocat, rêveur tout à coup. Êtes-vous sûr de n'avoir pas rêvé cette voix et ces chants bizarres?

— Comment, si j'en suis sûr!

— Ah! vous l'avez dit tantôt, on est quelquefois halluciné. Or, on l'est par l'oreille aussi bien que par les yeux, et il faut que vous sachiez (pour vous en méfier) à quel point l'hallucination est répandue en Suède, surtout lorsque l'on monte vers le nord, où cela devient, pour les deux tiers de la population, une sorte d'état chronique.

— Oui, la superstition aidant, ces visions deviennent contagieuses; mais je vous prie de croire que je ne suis pas sous l'impression de la foi aux sorcières et aux esprits malins des lacs, des torrents et des vieux manoirs.

— Ni moi non plus, à coup sûr. Et cependant... Tenez Christian, il y a, indépendamment de la superstition, quelque chose d'inexplicable dans les effets que la nature du Nord produit sur les imaginations vives. Cela est dans l'air, dans les sons singulièrement répercutés sur les glaces, dans les brumes pleines de formes mystérieuses, dans les mirages merveilleux de nos lacs, le *hagring*, phénomène inouï dont vous avez certainement entendu parler, et que vous pourrez voir sur celui-ci d'un moment à l'autre ; cela est peut-être aussi dans les désordres physiques causés à la circulation du sang par le passage continuel de l'atmosphère glacée à celle de nos appartements, qui est trop chargée de calorique, et réciproquement par le passage subit et inévitable du chaud au froid. Enfin, que vous dirai-je ? les gens les plus raisonnables, les mieux portants, les moins crédules, ceux mêmes qui avaient passé la plus longue moitié de leur vie à l'abri de ces illusions, en sont tout à coup saisis, et, moi qui vous parle...

— Achevez, monsieur Goefle... à moins pourtant que ce récit ne vous soit trop pénible, car vous voilà pâle comme votre serviette.

— Et je me sens mal à l'aise pour tout de bon. Cela m'est arrivé deux ou trois fois aujourd'hui. Pauvre machine que l'homme ! tout ce qui dépasse son raisonnement l'épouvante ou le trouble. Versez-moi un bon verre de porto, Christian, et à votre santé. Après tout, je suis content d'avoir refusé le grand dîner de là-bas, et de me retrouver seul avec vous dans cette damnée chambre dont je veux me moquer quand même. Comme, de votre côté, vous me faites le sacrifice de manger sans faim et de m'écouter en dépit de vos préoccupations personnelles, je veux vous régaler de mon hallucination, qui est pour le moins aussi bizarre que la vôtre.

» Sachez donc, mon cher ami, que, pas plus loin qu'hier au soir et le lieu où nous voici, je m'étais oublié dans la chambre à côté, à étudier un procès assez intéressant, pendant que mon petit laquais, après beaucoup de façons, daignait enfin dormir. Je comptais prendre patience un quart d'heure auprès de lui, car j'avais faim et je ne savais pas que cette table fût servie ; mais le démon de l'étude, grâce auquel il n'y a point de sot métier, même celui d'avocat, m'emporta si loin, que j'oubliai tout, et que mon pauvre estomac fut forcé de me crier aux oreilles qu'il était onze heures du soir.

» En effet, je regardai à ma montre, il était onze heures. Que voulez-vous ! je suis habitué aux soins de ma gouvernante, qui m'avertit des heures de mes repas, et je ne me souvenais plus que, dans ce taudis confié à la garde du lunatique Ulphilas, je ne serais averti de rien. Quant à Nils, je vous l'ai dit, c'est un domestique que Gertrude m'a donné pour m'enseigner le métier de valet de chambre. Donc, voyant que, depuis sept grandes heures, j'étais à jeun, je me lève, je prends le flambeau, je passe dans cette salle, je m'approche de cette table, j'y trouve les mets apportés par vous, et, attribuant à Ulphilas ce tardif bienfait, je me livre avec une sorte de voracité à la satisfaction de mon appétit.

» Vous savez déjà, mon cher Christian, que cette masure est réputée hantée par le diable, c'est du moins l'opinion des orthodoxes du pays, par la raison qu'elle a servi, dit-on, récemment de chapelle à une dame catholique, la baronne Hilda, veuve d'Adelstan, le frère aîné...

— Du baron Olaüs de Waldemora, dit Christian : le catholicisme est-il à ce point en horreur aux Dalécarliens?

— Autant, répondit M. Goefle, que la religion réformée leur fut odieuse avant Gustave Wasa. Ce sont des gens qui n'aiment et ne haïssent rien à demi. Quant au démon qui hante le Stollborg, le vieux Stenson n'y croit pas, mais il croit fort bien à la *dame grise*, qui, selon lui, ne serait autre que l'âme de la défunte baronne, morte dans cette chambre il y a plus de vingt ans.

» Je m'étais moqué, une heure auparavant, des apparitions, pour rassurer mon petit laquais ; mais vous savez comment se forment les rêves : souvent, d'une parole dite ou entendue, sans grande attention, dans la journée et oubliée l'instant d'après, ils éclosent mystérieusement en nous à notre insu, et se font porter ainsi jusqu'à la nuit, où, dès que nous avons les yeux fermés et la raison endormie, ils se dressent dans notre imagination et devant nos yeux abusés en images fantastiques, décuplés d'importance et quelquefois d'horreur.

» Il faut croire que l'hallucination, c'est-à-dire le rêve sans sommeil, suit exactement les même lois. J'avais fini de souper et je venais d'allumer ma pipe, lorsqu'un cri aigu et plaintif comme celui du vent pénétrant par une porte subitement ouverte passa dans toute la chambre, en même temps que l'air ébranlé et refroidi fit vaciller la flamme des bougies posées sur ma table. Comme j'avais en ce moment les yeux tournés vers la porte du vestibule et que je la voyais bien fermée et immobile, je crus que Nils s'était éveillé et qu'il venait d'ouvrir la porte opposée, celle de la chambre de garde.

» — Ah ! te voilà encore ! m'écriai-je en me

levant : veux-tu bien aller te coucher, maudit poltron !

» Et j'allai jusqu'à cette porte, persuadé que le drôle n'osait pas l'ouvrir tout à fait, mais qu'il l'avait un peu poussée pour s'assurer que je n'étais pas loin : cette porte-ci, aussi bien que l'autre, était fermée.

» L'enfant s'était-il décidé à la refermer en me voyant là, et le petit bruit qu'il avait pu faire m'était-il échappé pendant que je remuais pour chercher ma pipe et recharger le poêle? Cela était possible ; j'entrai dans la chambre de garde, et j'y trouvai Nils dormant à poings fermés. Évidemment il n'avait pas bougé. Je couvris le feu dans la cheminée, crainte d'accident, et revins ici où tout était tranquille. Le sifflement plaintif ne s'y faisait plus entendre. Je me dis qu'une bouffée de vent avait pénétré par quelque boiserie mal jointe, et je repris ma pipe et le dossier de l'affaire que j'étudie en ce moment pour le baron.

» Cette affaire, qui m'offre l'intérêt d'une question de droit assez subtile à résoudre, n'en aurait aucun pour vous; je vous en fais grâce. Il vous suffira de savoir qu'il s'agissait d'un contrat de vente consenti autrefois par le baron Adelstan, et que le nom de ce personnage, ainsi que celui de son épouse Hilda de

Blixen, s'y trouvaient répétés à chaque phrase. Les noms des deux époux morts dans la fleur de l'âge, l'un d'une manière tragique et mystérieuse, l'autre dans cette même chambre où nous sommes, probablement dans ce lit dégarni et délabré que vous voyez là-bas, me firent apparemment une certaine impression dont je ne me rendais pas compte. J'étais toutefois absorbé dans mon étude, et le poêle grondait très-fort, lorsque je crus entendre, à diverses reprises, un craquement dans l'escalier. J'en fus ému, et, en même temps, je me sentis si honteux d'avoir tressailli, que je ne voulus pas seulement tourner la tête pour regarder ce que ce pouvait être. Quoi d'étonnant à ce que ces vieilles boiseries humides, commençant à sentir l'action d'un grand feu allumé dans la chambre, fissent entendre des craquements déréglés?

» Je repris ma lecture ; mais aux craquements des marches et de la rampe succéda un autre bruit : c'était comme le grincement d'un outil de fer sur la muraille, mais mené d'une main si faible ou si incertaine, que, par moment, on pouvait bien l'attribuer à la griffe d'un rat aux prises avec ces grandes pancartes qui sont là-haut contre le mur. Je regardai, et, ne voyant rien, je ne quittai pas mon travail, résolu à ne plus m'inquiéter de ces bruits particuliers à chaque appartement, et qui sont toujours produits par les causes du monde les plus simples. C'est une puérilité que de chercher ces causes quand on a mieux à faire pour occuper son attention.

» Pourtant un troisième bruit me décida à me retourner et à regarder encore du côté de l'escalier. J'entendais la grande carte de parchemin qui recouvre la porte murée s'agiter et craquer singulièrement; je vis cette carte se soulever à diverses reprises, danser sur les anneaux qui la supportent et se gonfler comme si un corps assez apparent pour être à la rigueur un corps humain se mouvait derrière. Pour le coup, je fus ému tout de bon. Il se pouvait qu'un voleur se fût caché là et attendît le moment de se jeter sur moi. Je me levai précipitamment pour aller prendre mon épée sur la chaise où je l'avais mise en arrivant ici, et je ne l'y trouvai pas.

— Et pour cause! dit Christian; hélas! elle était à mon côté.

— Je ne sais, reprit M. Goefle, si j'attribuai la disparition de cette arme à une fantaisie insolite de rangement qui aurait pris à Ulphilas : le fait est que je n'avais pas regardé dans ma valise et que je ne m'étais nullement inquiété de ne pas retrouver mon habit, étendu par moi sur le dossier du fauteuil. Je n'ai pas l'habitude de faire ces choses moi-même, et je ne me souvenais probablement déjà plus d'en avoir pris la peine. La maudite épée ne se retrouvant pas, j'eus le temps de me calmer l'esprit, de me dire que j'étais un poltron, que personne ne pouvait en vouloir à mes jours, et que, si un voleur prenait envie de ma bourse, le plus sage était de lui abandonner sans combat la faible somme qu'elle contient.

» Je me retournai alors vers l'escalier avec sang-froid et résolution, je vous le jure; mais c'est alors précisément que l'hallucination se produisit... Tenez, Christian, regardez ce portrait, à droite de la fenêtre...

— J'ai déjà essayé de le voir, dit Christian; mais il est si mal placé à contre-jour, et les mouches ou l'humidité l'ont tellement taché, que je distingue fort peu.

— Alors regardez-le à la lumière; aussi bien, voici la nuit qui se fait, et il serait temps d'allumer nos bougies.

Christian alluma le flambeau à trois branches qui était resté sur la table, et alla regarder le portrait en montant sur une chaise et en renvoyant la clarté sur la peinture, à l'aide de son album de poche, placé entre ses yeux et la flamme vacillante des trois bougies.

— Je vois encore très-mal, dit-il. C'est le portrait d'une femme assez grande et d'une tournure élégante ; elle est assise et coiffée d'un voile noir, comme en portent les dames suédoises en hiver, pour préserver leurs yeux de l'éclat de la neige. Je vois les mains, qui sont très-bien rendues et très-belles. Ah! ah! la robe est de satin gris de perle avec des nœuds de velours noir. Est-ce donc là le portrait de la dame grise?

— Précisément; c'est celui de la baronne Hilda.

— En ce cas, je veux voir sa figure. J'y suis maintenant; elle est belle et d'une agréable douceur. Attendez encore un peu, monsieur Goefle... Cette physionomie pénètre de sympathie et d'attendrissement.

— Alors vous n'écoutez plus mon histoire?

— Si fait, si fait, monsieur Goefle! Le temps me presse, moi, et pourtant votre aventure m'intéresse tellement, que j'en veux savoir la fin. J'écoute.

— Eh bien, reprit l'avocat, quand mes yeux se reportèrent sur cette grande carte de Suède que vous voyez là-haut bien tranquille, une figure humaine en sortait en la soulevant comme elle eût fait d'une portière de tapisserie, et cette figure, c'était

celle d'une femme grande et maigre, non pas svelte
et belle comme devait être celle que représente le
portrait, mais livide et dévastée comme si elle sortait de sa tombe, et la robe grise, souillée, usée,
avec ses rubans noirs dénoués et pendants, semblait
véritablement traîner encore la terre du sépulcre.
Cela était si triste et si effrayant, mon cher ami, que
je fermai les yeux pour me soustraire à cette pénible
vision. Quand je les rouvris, fut-ce une seconde ou
une minute après, je ne saurais m'en rendre compte,
la figure était tout à fait devant moi. Elle avait descendu l'escalier, dont le craquement s'était fait encore entendre, et elle me regardait d'un œil hagard,
avec une fixité que je pourrais appeler cadavéreuse,
pour exprimer l'absence de toute pensée, de tout intérêt, de toute vie. C'était véritablement une morte
qui était là debout devant moi, à deux pas de moi,
et je restai comme fasciné, fort laid moi-même probablement, et peut-être les cheveux dressés sur la
tête, je n'en répondrais pas...

— Ma foi, dit Christian, c'est là une apparition
désagréable, et je crois qu'à votre place j'aurais
juré, ou cassé quelque chose. Cela dura-t-il longtemps?

— Je n'en sais rien. Il m'a paru que cela ne finis-
sait pas, car je fermai encore les yeux pour m'en

débarrasser, et, quand je les rouvris, le spectre marchait; il s'en allait du côté du lit. Ce qu'il y fit, je ne saurais vous le dire. Il me sembla qu'il agitait les rideaux, qu'il se penchait comme pour parler à quelqu'un qu'il y voyait et que je n'y voyais pas. Et puis il fit mine d'ouvrir la fenêtre; mais je crois qu'il ne l'ouvrit pas. Enfin il revint vers moi. Je m'étais enhardi un peu. J'essayai de me raisonner. Je tâchai de me rendre compte de sa figure. Cela fut au-dessus de mes forces. Je ne voyais que ses grands yeux morts dont je ne pouvais détacher les miens. Au reste, cette fois, le fantôme passa vite. S'il s'apercevait de ma présence, il ne semblait pas qu'il en fût irrité ou surpris. Il flotta incertain par la chambre, essaya de retourner à l'escalier, et parut ne pas pouvoir le retrouver. Ses mains décharnées interrogeaient les murs, et tout à coup je ne vis plus rien. Un sifflement de bise courut encore dans l'air et dans mes oreilles; puis il cessa, et, comme, au milieu de cette crise, je ne me sentais pas fou le moins du monde, je m'aperçus fort bien de la disparition des bruits insolites et de l'image fantastique.

» Je me tâtai, c'était bien moi. Je me pinçai la main, je le sentis fort bien. Je regardai la bouteille de rhum, je l'avais à peine entamée. Je n'étais donc ni en état d'extase ni en état d'ivresse. Je n'avais même plus aucun sentiment de terreur. Je me disais avec sang-froid que je venais de dormir debout. J'achevai ma pipe en rêvant à mon aventure, et même en me laissant un peu aller à mon imagination et à un vague désir d'éprouver une hallucination pour tâcher de la surmonter; mais le phénomène ne se reproduisit nullement, et j'allai me coucher fort tranquille. Je ne dormis pourtant que fort tard, mais sans être aucunement malade.

— Mais alors, dit Christian, d'où vient que tout à l'heure vous étiez mal à l'aise en y songeant?

— Ah! c'est que l'homme est ainsi fait! Il a des émotions rétroactives; à force d'entendre dire des folies, on devient un peu fou. Aujourd'hui, à deux reprises différentes, je me suis rappelé des histoires de ce genre qui sont des fables ou des rêves à coup sûr, mais qui renferment de hautes et mystérieuses moralités.

— Comment cela, monsieur Goefle?

— Eh! mon Dieu, il est arrivé à mon père, qui était, comme moi, avocat et professeur en droit, de voir le fantôme d'un homme injustement condamné à mort il y avait plus de dix ans, et qui lui demandait justice pour ses enfants dépouillés et réhabilitation pour sa mémoire. Il vit ce spectre au pied du gibet un jour qu'il passait par là. Il examina l'atfaire, découvrit que le fantôme lui avait dit la vérité et gagna le procès. C'était une illusion sans doute que ce fantôme, mais c'était un appel à la conscience de mon père. Et d'où lui venait cet appel? Du fond de la tombe ? Assurément non; mais du ciel, qui sait ?

— Eh bien, monsieur Goefle, que concluez-vous de votre apparition de cette nuit?

— Rien du tout, mon cher ami ; mais je n'en suis pas moins un peu tourmenté par moments de l'idée que la baronne Hilda a peut-être été une victime calomniée, et que Dieu a permis, non pas que son âme me visitât, mais que mon esprit fût frappé de son souvenir au point de me représenter son image, afin que la volonté me vînt de rechercher la vérité.

— De quoi donc fut-elle accusée, cette fameuse baronne ?

— D'un audacieux mensonge, tendant à spolier le baron Olaüs de son légitime héritage.

— Voyons, monsieur Goefle, encore cette histoire, voulez-vous? J'en suis extrêmement curieux depuis que vous avez vu ce spectre.

— Oui, oui, je vais vous la dire; ce sera bientôt fait.

» Le baron Magnus de Waldemora, que, dans ce pays, on appelait grand *iarl* (bien que *iarl* signifie comte), parce que, sous le titre de *iarls*, on entend en général tous les nobles d'une certaine importance; le baron Magnus, dis-je, eut deux fils. L'aîné Adelstan, était vif, impétueux, ardent; le second, Olaüs, que l'on appelle aujourd'hui l'*homme de neige*, était doux, caressant, studieux. Tous deux, grands, beaux et forts, faisaient l'orgueil de leur père. La fortune était considérable, avantage assez rare dans notre pays, où la richesse nobiliaire a reçu de si rudes atteintes par « la réduction de 1680. » Il n'y a point chez nous de droit d'aînesse, les fils partagent également; mais, bien que partagé, il semble qu'un si bel héritage eût dû satisfaire l'ambition des deux frères, et, si jamais fils de famille parut incapable de jalousie, c'était surtout Olaüs, ce jeune homme tranquille et doucement railleur, à qui son père marquait une sorte de préférence, et qui plaisait généralement plus que son frère aîné.

» Celui-ci avait un noble caractère, mais sa franchise était un peu rude. De bonne heure il avait montré un esprit entreprenant, le goût des voyages et des nouveautés. A trente ans, il avait parcouru l'Europe, et il rapportait de son séjour en France des idées philosophiques, dont les membres âgés de sa famille, son père même, furent effrayés. On désira le marier, il y consentit; mais il prétendit choisir selon son cœur, et il épousa une jeune personne qu'il avait connue en France, la belle Hilda de Blixen, orpheline issue d'une noble famille danoise, mais ne possédant rien que son esprit, sa grâce et sa vertu. C'était beaucoup, allez-vous dire, et je suis complétement de votre avis. Ce fut aussi celui du vieux baron Magnus, qui, après avoir blâmé ce mariage d'amour, se mit à chérir et à honorer sa belle-fille. Quelques personnes prétendent qu'Olaüs fut désappointé de cette réconciliation, et qu'il avait travaillé à brouiller son père avec Adelstan. On a voulu dire aussi que le baron Magnus, qui était encore sain et robuste, était mort trop brusquement. Ces faits sont déjà loin et manquent absolument de preuves.

» Ce qu'il y a de certain, c'est qu'au moment où se fit le partage de la succession, on vit éclater une sérieuse mésintelligence entre les deux frères, et, dans une discussion d'intérêts dont mon père fut témoin, il échappa au baron Adelstan de dire à Olaüs, qui lui reprochait assez doucement d'avoir vécu loin de son père et préféré les voyages aux devoirs et aux charges de la famille :

» — Mon père n'a jamais su ce que valait votre hypocrite affection. Il le sait trop peut-être aujourd'hui au fond de sa tombe !

» La vivacité d'Adelstan et la modération d'Olaüs firent que mon père blâma hautement l'effroyable soupçon que semblait avoir émis l'aîné. Celui-ci n'insista pas, mais il ne paraît pas qu'il l'ait jamais abjuré. On rapporte de lui beaucoup de mots de ce genre qui demeurèrent sans preuves, mais non pas sans poids, dans la mémoire de quelques personnes de son entourage.

» Le baron Magnus n'avait point fait d'économies qui permissent à l'un des frères de racheter sa part dans la propriété immobilière. Il fut donc question de vendre les terres et le château; Olaüs ne voulut pas accepter la pension que lui offrait son frère, et qui cependant était plus considérable que celle qu'il offrait lui-même dans le cas où la propriété lui serait adjugée. Il dut néanmoins en passer par là : il ne se présentait pas d'acquéreurs. Ce vaste château, dans un pays reculé aux limites du désert, n'était plus un séjour en harmonie avec les mœurs modernes, qui tendent à se rapprocher de la capitale et des provinces du Midi. Mon père réussit à établir clairement les revenus et dépenses de la propriété, en raison de quoi il fixa le chiffre de la rente qui serait servie à l'un des frères par celui qui conserverait la jouissance du domaine, et tous deux consentirent à s'en remettre au sort. Le sort favorisa l'aîné.

» Olaüs n'en témoigna aucun dépit; mais l'on assure qu'il en éprouva de violents regrets, et qu'il se plaignit à ses confidents de l'injustice de la destinée qui le chassait du manoir de ses pères, lui habitué à la vie des champs et ami du repos, pour donner cette belle résidence à un esprit inconstant et inquiet comme celui d'Adelstan. Par ces plaintes, par des épanchements familiers, accompagnés de libéralités aux nombreux serviteurs de la maison, il s'y fit un parti qui bientôt menaça de rendre difficile au frère aîné la gestion des affaires et l'autorité domestique.

» Mon père, qui dut passer ici plusieurs semaines pour amener la conclusion des arrangements, remarqua l'état des choses; mais il était un peu blasé sur le spectacle monotone des rivalités de famille, et il ne fit peut-être pas au caractère franc et loyal de l'aîné la part qu'il méritait. Il se sentit plutôt gagné par les câlineries et l'apparente bonhomie d'Olaüs, et c'est à lui qu'en dehors des questions d'équité, sur lesquelles mon père maintenait le niveau d'une impartialité rigoureuse, il accordait ses sympathies et sa préférence. Mon père quitta le château après avoir essayé d'y fixer la résidence des deux frères. Olaüs paraissait désirer qu'il lui fût permis de garder un pied-à-terre au Stollborg.

Adelstan s'y refusa avec une fermeté qui parut un peu dure.

» Aussitôt qu'Olaüs fut parti pour Stockholm, où il devait se fixer, Adelstan fit venir sa femme, qui, pendant les discussions d'intérêts, était restée chez une amie à Falun avec son fils, âgé de quelques mois, et le jeune ménage s'établit à Waldemora. C'est alors qu'après beaucoup de soupçons et de commérages, on prétendit découvrir un secret que les deux jeunes époux n'avaient jamais révélé au public. La baronne Hilda était, dit-on, catholique. On raconta qu'élevée en France, elle avait subi l'ascendant d'une tante et de son entourage, qu'elle s'était imprudemment jetée dans les études théologiques, et qu'elle s'était égarée, par orgueil de science, jusqu'à abjurer la religion de ses pères, qu'elle trouvait trop nouvelle. On a dit aussi qu'on lui avait fait voir de faux miracles et arraché des vœux imprudents. Je ne puis vous édifier sous ce rapport. Je n'ai pas connu cette baronne, bien que je fusse en situation de la connaître; mais l'occasion ne s'en est pas trouvée. On dit qu'elle était très-intelligente et sérieusement instruite. Il est fort possible qu'elle ait cru sa raison et sa conscience intéressées à ce changement de religion, et, quant à moi, j'absous très-philosophiquement sa mémoire.

Malheureusement, il n'en pouvait être ainsi dans l'opinion publique. On est très-attaché, en Suède, à la religion de l'État. On peut compter les dissidents; on les réprouve et même on les persécute, non pas aussi cruellement que dans les âges moins éclairés, mais encore assez pour rendre leur existence difficile et amère. La loi permet de les exiler.

» Ce fut donc un épouvantable scandale quand on sut ou quand on crut savoir que la baronne, que l'on ne voyait pas très-assidue au prêche de sa paroisse, avait érigé en secret, dans le vieux donjon où nous voici, une chapelle en l'honneur de la vierge Marie, et qu'à défaut d'offices récités par un prêtre de sa religion, elle s'y livrait seule à des pratiques de dévotion particulière, les paysans disaient de sorcellerie. Cependant, comme la baronne ne faisait point de prosélytisme et qu'elle ne parlait jamais de sa religion, on s'apaisa peu à peu. Elle répandit beaucoup de bienfaits, et les grâces de son esprit vainquirent beaucoup de préventions.

» Les jeunes époux étaient fixés à Waldemora depuis environ trois ans, et ils avaient un fils qu'ils aimaient avec idolâtrie. La douceur de la baronne tempérait ce que l'esprit d'indépendance et l'amour de la vérité avaient d'un peu brusque chez son mari; on s'attachait à eux, on leur rendait justice : serviteurs et voisins commençaient à oublier Olaüs en dépit des lettres fréquentes et souvent inutiles qu'il écrivait pour se donner le plaisir de signer *le pauvre exilé.* Le pasteur Mickelson, ministre de cette paroisse dont vous avez dû voir l'église à une demi-lieue d'ici, fut le plus fidèle à la cause d'Olaüs. Olaüs s'était toujours montré fort pieux. Adelstan avait des principes de tolérance qui blessaient le luthéranisme un peu fanatique du pasteur. Il avait notamment voulu retrancher du service divin le bâton du bedeau, chargé de réveiller les gens qui s'endorment au sermon. La cause fut portée devant l'évêque, qui fit transiger les deux parties. Le bedeau fut autorisé à chatouiller d'une houssine le nez des dormeurs; il dut abandonner la canne dont il avait coutume de les frapper. Le pasteur ne pardonna cependant pas au baron Adelstan, et surtout à la jeune baronne, qui s'était, dit-on, moquée de cette dévotion dalécarlienne imposée à coups de bâton, une atteinte portée à son pouvoir. Il ne cessa de harceler le jeune *iarl* et sa femme, et d'exciter contre eux les paysans, très-portés à l'intolérance religieuse.

» Cependant le jeune couple poursuivait ses essais de civilisation dans son domaine. Le baron était sévère contre les abus, et chassait sans pitié les gens de mauvaise foi ; mais il avait supprimé le honteux régime des étrivières pour les laquais et les restes humiliants du servage de ses paysans. Si le Dalécarlien est généralement bon, il n'est rien moins qu'ami des lumières. Beaucoup d'entre les paysans avaient quelque peine à préférer la dignité personnelle aux vieux abus.

» Un jour, un malheureux jour en vérité, le baron fut forcé par ses affaires de se rendre à Stockholm, et comme c'était le temps des pluies d'automne qui rendent les chemins difficiles, souvent impraticables, il dut laisser sa femme dans son château. En revenant la trouver au bout de la quinzaine, le baron Adelstan fut assassiné dans les gorges de Falun. Il voyageait à cheval, et, dans son impatience de revoir sa chère Hilda, il avait pris les devants, laissant ses gens achever un repas qui lui semblait trop long. Il avait alors trente-trois ans. Sa veuve en avait vingt-quatre.

» Ce meurtre fit grand bruit, et frappa tout le pays de stupeur. Bien que les passions de nos Dalécarliens soient, dans certaines localités, assez farouches, et que de ce côté-ci, dans la montagne, le duel norvégien au couteau ait encore beaucoup de partisans, l'assassinat lâche et mystérieux est presque sans exemple. On n'osait, on ne pouvait réellement accuser personne du pays. On fit de vaines recherches. Quelques mineurs étrangers avaient brusquement disparu de Falun. On ne put les rattraper. Le baron Adelstan n'avait pas été dévalisé. Une seule personne au monde avait intérêt à se défaire de lui. Quelques-uns nommèrent tout bas le baron Olaüs ; la plupart rejetèrent un pareil soupçon avec dégoût, mon père tout le premier.

» Le baron Olaüs montra un grand désespoir de la mort de son frère, et il accourut au pays, pleurant, un peu trop peut-être, dans le sein de tout le monde, et témoignant à sa belle-sœur le plus honnête dévouement. Chacun en fut édifié, excepté elle, qui le reçut avec une froideur extrême, et l'engagea, quelques heures après, à la laisser seule à des douleurs qui ne pouvaient admettre de consolation. Le baron partit, au grand regret des serviteurs qu'il avait comblés. Le soir de son départ, le jeune Harald, le fils de la baronne, fut pris de convulsions, et mourut dans la nuit.

» Poussée à bout par ce dernier coup du sort, la malheureuse mère oublia toute prudence, et accusa hautement Olaüs d'avoir empoisonné son enfant, après avoir fait assassiner son mari pour s'approprier la fortune entière. Ses cris frappèrent les murs, et restèrent sans écho. Aucun médecin spécial ne se trouva à portée de constater le genre de mort de l'enfant. Aucun domestique ne voulut se prêter à chercher des preuves contre le baron Olaüs. Le pasteur Mickelson, qui exerçait la médecine dans la paroisse, déclara que Harald était mort, comme meurent les petits enfants, dans les crises de la dentition, et que la pauvre baronne était injuste et insensée, ce qui est, hélas! fort possible.

» Le baron Olaüs n'était pas bien loin quand il reçut la nouvelle de l'événement. Il revint sur ses pas, et sembla partager vivement la douleur de la baronne. Elle s'emporta contre lui en malédictions, auxquelles il ne répondit que par des sourires d'une tristesse déchirante. Tout le monde plaignit la veuve, la mère, la *folle!* personne n'accusa le généreux, le patient, le sensible Olaüs. Peut-être le plaignit-on encore plus qu'elle d'avoir à supporter l'outrage de ses soupçons ; à coup sûr, on l'admira en voyant qu'au lieu de s'en irriter, il s'en plaignait d'un ton pénétré de tendresse, offrant à Hilda de garder son appartement au château et de vivre avec lui comme une sœur avec son frère. Je suis bien convaincu que le baron est un grand fourbe, et qu'il ne regrettait guère son neveu ; pourtant je suis loin de croire qu'il soit un monstre, et son caractère ne m'a jamais semblé assez hardi pour de pareils forfaits. La baronne était trop éprouvée et trop exaltée pour voir les choses avec sang-froid. Elle l'accusa d'avoir fait mourir père, frère et neveu ; puis tout à coup elle prit une résolution singulière, que je regarde comme un acte de vengeance et de désespoir et comme le résultat d'une mauvaise inspiration.

» Elle fit venir les juges et les officiers du canton, et, en présence de toute sa maison, elle leur déclara qu'elle était enceinte et qu'elle prétendait maintenir tous les droits d'héritage de l'enfant dont elle allait être mère et dont elle était la tutrice naturelle. Elle fit cette déclaration avec une grande énergie, annonçant la résolution de partir pour Stockholm, afin de faire constater son état et reconnaître ses droits jusqu'à la naissance de son enfant.

» — Il est très-inutile de vous fatiguer et de vous exposer aux accidents du voyage, répondit le baron Olaüs, qui avait écouté la déclaration avec le plus grand calme. J'accepte avec trop de joie l'espérance de voir revivre la postérité de mon bien-aimé frère pour consentir à de nouvelles discussions. Je vois que ma présence vous inquiète et vous irrite. Il ne sera pas dit que, par ma volonté, j'aurai augmenté la fâcheuse situation de votre esprit. Je me retire, et ne reviendrai ici qu'après la naissance de votre enfant, s'il est vrai que vous ne vous fassiez pas d'illusions sur votre état.

» Olaüs partit, en effet, disant à tout le monde qu'il ne croyait pas un mot de cette grossesse, mais qu'il n'était nullement pressé d'entrer en possession de son héritage.

» — Je peux bien, ajoutait-il, donner aux convenances et à l'exaltation inquiétante de ma belle-sœur une année, s'il le faut, pour que la vérité s'établisse.

» C'est ainsi qu'il parla à mon père, à Stockholm, où il retourna aussitôt, et je me souviens que mon père lui reprocha l'excès de sa confiance et de sa délicatesse. Il pensait que la baronne Hilda avait inventé cet enfant posthume. Ce n'est pas la première fois qu'une veuve eût supposé un héritier pour dépouiller de ses droits l'héritier légitime. Le baron répondait avec une mansuétude infinie :

» — Que voulez-vous ! je suis las des soupçons odieux que cette femme exaspérée cherche à faire peser sur moi. Le meilleur démenti que je puisse lui donner, c'est de montrer un désintéressement excessif, et même, pour que sa haine ne me poursuive pas jusqu'ici, ce que j'ai de mieux à faire jusqu'à nouvel ordre, c'est de voyager.

Le baron Olaüs partit peu de temps après pour la Russie, où il fut reçu avec distinction par la czarine, et où il commença à nouer des intrigues qui, depuis ce temps, ont fait de lui un des *bonnets* les plus tenaces et les plus dangereux de la diète. On prétend qu'il se forma singulièrement à cette cour, et qu'il en revint avec un caractère, un genre d'esprit, des manières et des principes qui le firent paraître dès lors un tout autre homme : toujours tranquille et souriant, mais d'un sourire sinistre et d'une tranquillité effrayante; encore doux et caressant avec les inférieurs, mais d'une douceur pleine de mépris et caressant avec des griffes ; tel enfin que nous le voyons aujourd'hui, si ce n'est que l'âge et la maladie ont encore assombri les traits de cet être problématique, scélérat consommé, ou victime d'un étrange concours de funestes apparences. C'est à partir de ce cours d'athéisme et de crime, dont la czarine a si bien profité pour son compte, et dont il échappa bientôt au vertueux baron de parler avec une complaisance admirative, qu'on le surnomma *l'homme de neige*, pour exprimer qu'il avait été se geler le cœur en Russie, ou qu'il était venu fondre dans l'opinion publique au soleil plus clair et plus chaud de son pays. La pâleur livide qui bientôt se répandit sur son visage, ses cheveux qui blanchirent de bonne heure, son attitude roide et le froid constant de ses mains gonflées ajoutèrent par des caractères physiques à l'à-propos de ce surnom.

» Mais il ne faut pas que j'anticipe sur les événements. La métamorphose du baron, qui ne fut peut-être que la lassitude de lutter contre d'injustes soupçons, ne devint frappante qu'après la mort ou la disparition de tous ceux qui pouvaient le gêner. On croit qu'un des premiers traits de son perfectionnement dans la voie de la ruse fut de faire répandre en Suède le bruit d'une maladie mortelle, qui n'avait, dit-on, rien de fondé; et, quand on s'est demandé plus tard pourquoi il avait eu cette fantaisie de se donner pour mourant à Pétersbourg, ses ennemis n'ont pu trouver d'autre explication que celle-ci : il voulait ôter toute crainte de lui à la baronne Hilda, afin qu'elle ne vînt pas faire ses couches à Stockholm. Par malheur (je fais toujours parler ici les ennemis d'Olaüs), la baronne donna dans le piége; elle passa l'été à Waldemora, et, quand elle fut assez avancée dans sa grossesse pour que le voyage lui devînt impossible, car elle était devenue très-faible à la suite de tant de douleurs, le baron Olaüs parut tout à coup, bien vivant et actif, aux environs du château.

» Voilà, Christian, tout ce que je peux vous raconter comme étant le résumé de l'opinion générale. Le reste n'est plus que de l'histoire secrète, et il nous faudra supposer ou deviner la vérité, en attendant les preuves, s'il en existe, et si on les trouve jamais.

» La baronne fut si épouvantée en apprenant la présence du baron chez le pasteur Mickelson, qu'elle résolut de s'enfermer dans le vieux château, dont l'enceinte, alors fort étroite (on n'avait pas construit le nouveau *gaard*), pouvait être facilement gardée par un petit nombre de serviteurs fidèles. À la tête de ces serviteurs étaient l'intendant Adam Stenson, déjà vieilli au service du château, et une femme de confiance dont je n'ai pas retenu le nom.

» Que se passa-t-il à partir de ce moment? On dit que le baron corrompit tous les gardiens du Stollborg, même la femme de confiance et même l'incorruptible Stenson; mais je couperais ma main pour répondre de Sten, et la continuation des bons rapports entre ce digne homme et le baron est pour moi la preuve presque irrécusable de l'innocence de ce dernier. Ce qui transpira dans le public se compose de deux versions. La première, c'est que le baron aurait rendu sa belle-sœur tellement captive et malheureuse au Stollborg, qu'elle y aurait succombé à la misère et au chagrin. La seconde, c'est qu'elle y serait entrée folle, qu'elle s'y serait livrée à des emportements déplorables, et qu'elle y serait morte dans des transports de rage et d'impiété, maudissant le culte évangélique et proclamant le règne de Satan.

» Dans tout cela, il n'y a qu'une chose certaine :

c'est que l'état de grossesse avait été simulé, et que, dix mois après la mort de son mari, et après trois mois de langueur physique et d'insanité d'esprit passés au Stollborg, la baronne y est morte dans les derniers jours de l'année 1746, après avoir avoué et même déclaré formellement au pasteur Mickelson et au baron qu'elle n'avait pas été enceinte, et qu'elle avait voulu supposer un enfant, qui eût été un garçon, afin de garder la gestion des biens de son mari et de satisfaire sa haine contre le baron Olaüs. Il y a encore une version, que je répugne à rapporter, c'est que la baronne serait morte de faim dans ce donjon; mais Stenson a toujours repoussé cette accusation avec énergie. Quoi qu'il en soit, les derniers moments d'Hilda parurent enveloppés de ténèbres. Ses parents n'étaient plus, et ceux de son mari, effrayés des bruits répandus sur ses opinions religieuses, ne vinrent pas à son secours et fermèrent les yeux. Ils avaient toujours préféré le souple Olaüs, qui flattait leurs préjugés, au fier Adelstan, qui les avait froissés. On dit que le roi entendit parler de cette histoire, et qu'il eût souhaité l'éclaircir ; mais le sénat, où Olaüs avait des amis puissants, fit prier le roi de se mêler de ses affaires, c'est-à-dire de ne se mêler de rien.

» Mon père était fort malade lorsque le baron Olaüs vint lui raconter à sa manière la mort de sa belle-sœur. Pour la première fois, mon père manifesta un certain étonnement, un certain blâme. Il reprocha à Olaüs de prêter le flanc aux soupçons; il lui dit que, s'il venait à être accusé, sa défense serait difficile. Le baron lui montra la double déclaration du ministre Mickelson, lequel, comme médecin et comme pasteur, attestait la fausseté de la grossesse et la mort de la baronne par suite d'une maladie très-bien exposée et très-bien soignée par lui, au dire de tous les médecins consultés depuis. En outre, il produisit une déclaration signée de la baronne, qui affirmait s'être fait illusion sur son état. Mon père examina rigoureusement cette pièce, la fit, en outre, examiner par des experts en écriture, et la trouva inattaquable. Je me souviens pourtant qu'il reprocha au baron de n'avoir pas fait venir au Stollborg dix médecins plutôt qu'un pour constater les faits à sa décharge. Cependant il ne soupçonna jamais le baron de crime ni d'imposture, et mourut dans cette opinion, peu de temps après.

» Il y eut des murmures contre le baron, qui commençait à se faire haïr; mais bientôt il se fit craindre; et, comme personne n'était directement intéressé à venger les victimes, aucune âme généreuse n'eut le courage de le braver. Quant à moi qui l'eusse fait, quoique bien jeune au barreau, et qui serais prêt à le faire aujourd'hui, si j'avais des soupçons arrêtés, j'étais naturellement sous l'influence de mon père, qui, dans sa conviction, ne trouvait d'autre reproche à adresser à Olaüs que celui d'imprudence envers lui-même. Puis la mort de mon père arriva dans ce même temps, et vous trouverez naturel que mon chagrin personnel, qui fut très-vif, m'ait détourné à cette époque de toute autre préoccupation.

» J'ai hérité de la clientèle du baron, et, je vous l'ai dit, malgré l'antipathie croissante que sa conduite politique et ses manières m'ont inspirée, je n'ai jamais pu, jusqu'à ce jour, acquérir la moindre preuve, ni même m'arrêter à la moindre apparence sérieuse des crimes dont il était accusé. Il s'est fait, dans l'esprit de ses vassaux, une réaction contre lui, à laquelle on pouvait bien s'attendre. N'ayant plus besoin de leurs sympathies, il a bientôt cessé de les ménager. Quant à ses domestiques, qui ont été tous renouvelés depuis sa prise de possession du domaine, et qui sont tous étrangers, il les paye de manière à s'assurer leur obéissance aveugle et leur discrétion absolue. Stenson est le seul de l'ancienne maison qu'il ait conservé, maintenu longtemps dans ses fonctions d'intendant, et enfin admis à la retraite, en raison de son grand âge, avec une pension honorable, toute sorte d'égards et même de petits soins. C'est ce qui a donné à penser que Stenson aurait été son complice; mais c'est justement ici, Christian, que la vérité m'apparaît et que ma conscience se tranquillise : Stenson est un saint homme, un modèle de toutes les vertus chrétiennes. »

VIII

Christian avait attentivement écouté le discours
e l'avocat.

— Il y a là pour moi bien du louche, dit-il après
oir réfléchi quelques instants. Je plains cette pau-
baronne Hilda, et, de tous les personnages de ce
rame, elle est celui qui m'intéresse le plus. Qui
it si, comme quelques-uns le prétendent, elle ne
erait pas morte de faim dans cette horrible cham-
e?

— Oh! cela n'est point! s'écria M. Goefle. On me l'a-
't tant dit, que je m'en suis tourmenté l'esprit;
's Stenson, qui ne l'eût certes pas souffert, m'a
nné sa parole d'honneur qu'il n'avait pas cessé de
ir et de soigner la baronne, et qu'il avait assisté
ses derniers moments. Elle est bien morte d'éthisie,
effet; mais son estomac se refusait à la nourriture,

et le baron n'a rien épargné pour qu'on satisfît tous ses désirs.

— Oui, au fait ! reprit Christian ; si l'homme est habile comme le dépeint votre récit, il n'aura pas voulu commettre un meurtre inutile. Il lui aura bien suffi de tuer cette pauvre femme par la peur ou par le chagrin. Cependant une autre version, monsieur Goefle, ma version à moi !...

— Voyons ?

— C'est qu'elle n'est peut-être pas morte.

— Voilà qui est impossible !... Et pourtant... on n'a jamais su où l'on avait mis son corps.

— Ah ! voyez-vous !

— Le ministre refusa de l'ensevelir dans le cimetière de la paroisse. Il n'y a point ici de cimetière catholique, et il paraît qu'on l'a enterré nuitamment dans le verger de Stenson... ou ailleurs.

— Quoi ! Stenson ne vous l'a jamais dit ?

— Stenson ne veut pas qu'on l'interroge sur ce point. Le souvenir de la baronne lui est à la fois cher et terrible. Il l'a aimée sincèrement, il l'a servie avec zèle ; mais, quelles que fussent les croyances religieuses de cette dame, il ne s'explique pas à cet égard, et, quand on lui en parle, on l'effraye en même temps qu'on le navre.

— Fort bien ; mais que dit-il du baron ?

— Rien.

— C'est peut-être beaucoup dire...

— Peut-être, en effet; mais enfin ce silence ne constitue pas une accusation de meurtre.

— Alors n'en parlons plus, si vous êtes convaincu, monsieur Goefle. Que nous importe après tout? Ce qui est passé est passé. Seulement, vous disiez que la vue de ce spectre vous avait suggéré d'étranges doutes...

— Que voulez-vous! l'esprit d'investigation hors de propos est une maladie de profession, dont je me suis toujours assez bien défendu. Nous avons assez à faire de chercher à débrouiller la vérité dans les causes ardues qui nous sont confiées, sans aller nous casser la tête pour pénétrer dans celles qui ne nous regardent pas. C'est sans doute parce que je suis oisif depuis quelques jours, que mon cerveau travaille malgré moi, et que j'ai été chercher dans les ténèbres du passé et de l'oubli la figure de cette baronne Hilda...

— D'autant plus, dit Christian, que ce qui vous est apparu n'est peut-être pas un songe, mais tout simplement quelque personnage réel dont le costume s'est trouvé ressembler à celui de ce vieux portrait.

—J'aimerais à le croire; mais les gens qui passent

à travers les murs ne sont autres que les maussades habitants du pays des idées noires.

— Attendez, monsieur Goefle; vous ne m'avez pas dit de quel côté a disparu ce fantôme, que vous n'aviez pas vu entrer.

— Pour le dire, il faudrait le savoir. Il m'a semblé que c'était du côté où il m'était apparu.

— Sur l'escalier?

— Plutôt dessous.

— Alors, par la porte secrète?

— Il y en a donc une?

— Vous ne le saviez pas?

— Non, en vérité.

— Eh bien, venez la voir.

Christian prit le flambeau et conduisit M. Goefle; mais la porte secrète était fermée en dehors. Elle était si bien jointe à la boiserie, qu'il était impossible de la distinguer des autres panneaux encadrés de moulures en relief, et si épaisse, qu'elle rendait le même son mat que les autres parties du revêtement de chêne. En outre, elle était solidement assujettie par derrière au moyen des gros verrous que Christian avait trouvés et laissés ouverts la veille, et qui, depuis, avaient été tirés probablement par la même main qui avait cadenassé l'autre porte au bas de l'escalier dérobé. Christian fit part de ces circonstances à M. Goefle, qui dut le croire sur parole, car il n'y avait pas moyen d'aller s'en assurer.

— Croyez-moi, monsieur Goefle, dit Christian, ou une vieille servante de M. Stenson est venue là hier pour ranger la chambre, qu'elle ne savait pas envahie, ou la baronne Hilda est prisonnière quelque part ici, sous nos pieds, sur notre tête, que sais-je? dans cette chambre que l'on a murée, et qui a peut-être une communication secrète avec celle-ci. A propos de la porte murée, vous ne m'avez pas dit où elle conduisait, ni pourquoi on l'a fait disparaître. Ceci me paraît cependant une circonstance assez intéressante.

— C'est une circonstance très-vulgaire, et que Stenson m'a expliquée. La pièce située au-dessus de celle-ci était, depuis très-longtemps, dans un état de délabrement complet. Lorque la baronne Hilda vint se réfugier au Stollborg, elle fit condamner cette porte, qui lui amenait du vent et du froid. Après sa mort, Stenson la fit rouvrir pour réparer les brèches de la bâtisse au second étage. Seulement, comme, pour rendre cette pièce habitable, il eût fallu dépenser plus qu'elle ne vaut, et qu'en raison de la prétendue chapelle catholique qui y avait été érigée, personne n'eût voulu habiter une chambre où le diable tenait cour plénière, Stenson, autant par mesure d'économie qu'afin de faire oublier toutes ces superstitions, mura solidement de ses propres mains, m'a-t-il dit, et avec la permission du baron, une communication désormais inutile.

— Pourtant, monsieur Goefle, vous avez vu le prétendu fantôme sortir de dessous cette carte de Suède qui masque la maçonnerie.

— Oh! pour cela, c'était bien un rêve! Regardez-y, Christian, et, si vous trouvez là une porte praticable, vous serez plus habile que moi. Croyez-vous donc que je n'aie pas été m'en assurer aussitôt que mon rêve se fut dissipé?

— Certainement, dit Christian, qui avait monté l'escalier, soulevé la carte de Suède et frappé à plusieurs reprises sur la paroi qu'elle recouvrait, il n'y a rien là qu'un mur aussi épais que le reste, si j'en juge au son mat qu'il rend. Le raccord de peinture rougeâtre est même fort bien fait et intact sur ces bords; mais avez-vous remarqué, monsieur Goefle, comme ce revêtement de plâtre est égratigné au milieu?

— Oui, et je me suis dit que c'était l'ouvrage de quelque rat.

— Ce rat travaille singulièrement! Voyez donc avec quelle régularité il a tracé de petits ronds sur la muraille?

— C'est vrai ; mais qu'est-ce que cela prouve ?

— Tout effet a une cause, et c'est cette cause que je cherche. Ne m'avez-vous pas dit que, parmi les bruits que vous entendiez, il y avait celui d'un grattement ?

— Oui, un grincement comme celui d'un outil quelconque.

— Eh bien, savez-vous ce que c'est, à mon idée ? C'est le travail d'une main faible ou inhabile qui a cherché à percer le mur pour voir à travers.

— Elle s'est donc servie d'un clou ou d'un instrument encore plus inoffensif, car elle n'a pas entamé le plâtre à plus de deux lignes de profondeur.

— Pas même, et cependant elle l'a entamé en beaucoup d'endroits avec obstination.

— Ces marques auront été faites par Stenson pour fixer quelque souvenir qu'il n'aura pas voulu écrire. Voyons, vous qui savez déchiffrer tous les styles lapidaires ?

— J'en sais assez pour vous dire que ceci n'est pas une inscription et n'appartient à aucune langue connue. Je tiens à mon idée, c'est un essai de forage. Voyez : il y a partout un petit enfoncement fait à l'aide d'un instrument émoussé, et, autour de ce petit creux éraillé sur les bords, il y a un cercle blanchâtre assez net, comme si l'on eût travaillé avec une paire de ciseaux dont une branche cassée aurait appuyé faiblement, à la manière d'une tige de compas.

— Vous êtes ingénieux...

— Oh! je suis ingénieux pour le moment, car voilà, sur la dernière marche de l'escalier, un peu de poussière blanche nouvellement détachée.

— Donc?

— Donc, la personne dont je parlais, et qui sera tout ce que vous voudrez, illustre captive ou vieille servante trottant à toute heure, est venue ici cette nuit pour essayer, non pour la première fois, mais pour la vingtième au moins, de voir à travers ce mur... Ou bien... attendez, encore mieux! Elle sait qu'il y a là un secret, un moyen invisible d'ouvrir une porte invisible, et elle cherche, elle tâtonne, elle creuse, elle travaille enfin; et, si nous l'observons cette nuit, nous aurons le mot de l'énigme.

— Parbleu! voilà une idée! et je l'accepte d'autant mieux qu'elle me délivre l'esprit d'un grand trouble. Je ne serais donc pas visionnaire, j'aurais vu et entendu un être réel! J'aime mieux cela, bien que je sois un peu honteux maintenant d'en avoir douté. Nimporte, Christian, je veux en avoir le cœur net. Je ne crois pas à l'existence d'une prisonnière, puisqu'il faudrait supposer une prison et un geôlier.

Or, cette chambre était ouverte de deux côtés quand vous y êtes entré par ici et sorti par là-dessous, et, quant au geôlier, ce ne pourrait être que l'honnête et dévoué Stenson.

— La baronne a pourtant subi ici une captivité plus ou moins dure, et l'honnête Stenson y était...

— L'état de captivité n'a pas été prouvé, et, s'il a eu lieu, Stenson n'était probablement pas le maître au Stollborg. A présent qu'il y est seul, car je présume que vous ne comptez pas Ulphilas pour quelqu'un...

— Vous direz ce que vous voudrez, monsieur Goefle, il y a là un mystère, et, quel qu'il soit, sérieux ou puéril, je veux le découvrir; mais, grand Dieu! à quoi pensé-je? L'heure marche, Puffo ne revient pas, et je m'amuse à bâtir un roman, quand je devrais songer à celui que j'ai à représenter! J'en étais bien sûr, monsieur Goefle, qu'en me faisant manger, vous me feriez causer et oublier mon travail!

— Allons, allons, faites vos apprêts, mon garçon; je vous ai promis de vous aider.

— Vous ne pouvez m'aider, monsieur Goefle; il me faut mon compère; je cours le chercher.

— Eh bien, allez. Pendant ce temps, j'irai voir Stenson, que je n'ai pas encore eu le loisir de saluer, et qui probablement ne me sait pas ici. Il n'y vient jamais...

— Ah! pardon, monsieur Goefle, il y vient, il y est venu tout à l'heure. Je l'ai vu pendant que vous étiez sorti... et même, tenez, j'oubliais de vous raconter la chose, il m'a pris pour le diable ou pour un revenant, car il a eu une peur affreuse, et il s'est sauvé en trébuchant et en battant la campagne.

— Bah! vraiment! il est poltron à ce point? Mais je n'ai pas le droit de me moquer de lui, moi qui ai cru voir la dame grise! Il est cependant impossible qu'il vous ait pris pour elle!

— Je ne sais pas pour qui il m'a pris; peut-être pour l'ombre du comte Adelstan?...

— Eh! eh! c'est possible ; voilà son portrait en face de celui de sa femme, et c'est assez votre taille et votre tournure. Pourtant... dans le costume que vous avez maintenant...

— Je ne l'avais pas encore, j'étais dans votre habit noir.

— Eh! que faites-vous à présent? Vous vous masquez?

— Non; je mets mon masque sur ma tête, dans le cas où je serais forcé d'aller chercher mon valet jusqu'au château neuf.

— Voyons-le donc, votre masque. Ce doit être fort gênant?

— Nullement; c'est un masque de mon invention, léger et souple, tout en soie, et se chaussant sur la tête comme un bonnet dont je relève ou abaisse à volonté la visière. Quand il est levé et que mon chapeau le cache, il dissimule au moins mes cheveux, qui sont trop touffus pour ne pas attirer l'attention. Quand il est baissé, ce qui dehors, dans ce climat, est fort agréable, il ne risque jamais de tomber, et je n'ai pas l'embarras de nouer et dénouer sans cesse un ruban qui se casse ou s'embrouille. Voyez si ce n'est pas une heureuse invention!

— Excellente! Mais la voix, vous pouvez faire qu'on ne la reconnaisse pas?

— Oh! cela, c'est mon talent et mon état; vous le savez bien, puisque vous avez assisté à une de mes pasquinades.

— C'est vrai, j'aurais juré que vous étiez douze dans la baraque. Ah çà! je veux vous entendre ce soir. J'irai me mettre dans le public; mais je ne veux pas savoir la pièce d'avance. Au revoir, mon garçon! Je vais tâcher d'arracher au vieux Sten quelque éclaircissement sur la cause de mon apparition. Mais qu'est-ce que cette branche de cyprès que vous accrochez au cadre de la dame grise?

— C'est encore quelque chose que j'oubliais de vous dire : c'est M. Stenson qui apportait cela ici. Je ne sais ce qu'il voulait en faire ; il l'a jetée à mes pieds, et, que ce fût son intention ou non, j'en veux faire hommage, moi, à cette pauvre baronne Hilda.

— N'en doutez pas, Christian, c'était aussi l'intention du bon vieillard. C'est demain ou aujourd'hui... Attendez donc, j'ai la mémoire des dates... Mon Dieu, c'est précisément aujourd'hui l'anniversaire de la mort de la baronne ! Voilà ce qui m'explique comment Sten s'est décidé à venir ici pour y faire quelque prière.

— Alors, dit Christian en détachant la petite bande de parchemin qui s'enroulait autour de la branche et que M. Goefle prenait pour un ruban, tâchez de vous expliquer les versets de la Bible écrits là-dessus. Moi, le temps me presse, je sors le premier.

— Attendez! dit M. Goefle, qui avait mis ses lunettes pour lire la bande de parchemin ; si vous allez jusqu'au château neuf, et que vous y trouviez M. Nils, lequel n'a pas reparu ici pour mon goûter, faites-moi le plaisir de le prendre par une oreille et de me le ramener. Voulez-vous?

Christian promit de le ramener mort ou vif, mais

il n'alla pas bien loin pour retrouver son valet et celui de M. Goefle. En pénétrant dans l'écurie, où l'idée lui vint de regarder avant de sortir du préau, il trouva Puffo et Nils ronflant côte à côte, et aussi complétement ivres l'un que l'autre. Ulphilas, qui portait mieux le vin, allait et venait dans les cours, assez content de n'être pas seul à l'entrée de la nuit, et donnant de temps en temps un coup d'œil fraternel à ses deux camarades de bombance. Christian comprit vite la situation. Nils, qui entendait le suédois et le dalécarlien, avait dû servir d'interprète entre les deux ivrognes; leur amitié naissante s'était cimentée dans la cave. Le pauvre petit laquais n'avait pas eu besoin d'une longue épreuve pour perdre le souvenir de son maître, si tant est que ce souvenir l'eût beaucoup tourmenté jusqu'au moment où, chaudement étendu dans la mousse sèche qui sert de litière dans le pays, les joues animées et le nez en feu, il avait oublié, aussi bien que Puffo, tous les soucis de ce bas monde.

— Allons, dit M. Goefle à Christian, qu'il rencontra dans la cour et qui lui montra ce touchant spectacle, du moment que le drôle n'est pas malade, j'aime autant être débarrassé de mon service auprès de lui.

— Mais, moi, monsieur Goefle, reprit Christian

fort soucieux, je ne puis me passer de cet animal de Puffo. Je l'ai secoué en vain : c'est un mort, et, je le connais, il en a pour dix ou douze heures !

— Bah ! bah ! répondit M. Goefle, évidemment préoccupé, allez donc choisir votre pièce, et ne vous tourmentez pas ; un garçon d'esprit comme vous n'est jamais embarrassé.

Et, laissant Christian se tirer d'affaire comme il pourrait, il marcha, de son petit pas bref et direct, jusqu'au pavillon du *gaard*, habité par Stenson. Évidemment les trois versets de la Bible lui trottaient par la tête.

Ce pavillon avait un rez-de-chaussée, sorte d'antichambre, où Ulphilas, pour n'être pas seul, dormait plus volontiers que dans son logement particulier, sous prétexte d'être à portée de servir son oncle, dont le grand âge réclamait sa surveillance. Ulf venait de rentrer dans cette pièce : il s'était jeté sur son lit et ronflait déjà. M. Goefle allait monter au premier, lorsque le bruit d'une discussion l'arrêta. Deux voix distinctes dialoguaient d'une façon très-animée en italien. L'une de ces voix avait le diapason élevé des gens qui ne s'entendent pas bien eux-mêmes ; c'était celle de Stenson. Elle s'exprimait en italien avec assez de facilité, bien qu'avec un accent détestable et des fautes nombreuses. L'autre voix, accentuée et parlant l'italien pur dans un registre clair et avec une prononciation très-vibrante, paraissait se faire entendre en dépit de la surdité du vieillard. M. Goefle s'étonna que le vieux Stenson entendît l'italien et pût s'exprimer, tant bien que mal, dans une langue qu'il ne le soupçonnait pas d'avoir jamais pratiquée. La conversation avait lieu dans le cabinet de travail de Sten, attenant à sa chambre. La porte de l'escalier était fermée; mais, en montant quelques marches, M. Goefle entendit un fragment de dialogue qui pourrait se résumer et se traduire ainsi :

— Non, disait Stenson, vous vous trompez. Le baron n'a aucun intérêt à faire cette découverte.

— C'est possible, monsieur l'intendant, répondait l'inconnu; mais il ne me coûte rien de m'en assurer.

— Alors c'est au plus offrant, n'est-ce pas, que vous vendrez le secret?

— Peut-être. Que m'offrez-vous?

— Rien! Je suis pauvre, parce que j'ai toujours été honnête et désintéressé; rien de ce qui est ici ne m'appartient. Je n'ai que ma vie, prenez-la, si bon vous semble.

A cette parole, qui semblait mettre le vieux Sten à la merci de quelque bandit, M. Goefle monta deux marches d'une seule enjambée pour aller à son secours ; mais la voix italienne reprit avec le plus grand calme :

— Que voulez-vous que j'en fasse, monsieur Stenson? Voyons, rassurez-vous, vous pouvez sortir de ce mauvais pas en cherchant vos vieux écus dans la vieille cachette qu'ont toutes les vieilles gens. Vous trouviez bien moyen de payer Manassé pour vous assurer de sa discrétion.

— Manassé était honnête. Ce traitement...

— N'était pas pour lui, je le présume; mais il en jugeait autrement, car il l'a toujours gardé pour lui seul.

— Vous le calomniez !

— Quoi qu'il en soit, Manassé est mort, et l'*autre*...

— L'autre est mort aussi, je le sais.

— Vous le savez? D'où le savez-vous?

— Je n'ai pas à m'expliquer là-dessus. Il n'est plus, j'en ai la certitude, et vous pouvez dire au baron tout ce que vous voudrez. Je ne vous crains pas. Adieu; je n'ai pas longtemps à vivre, laissez-moi penser à mon salut, c'est désormais la seule chose qui me préoccupe. Adieu; laissez-moi, vous dis-je, je n'ai pas d'argent.

— C'est votre dernier mot?... Vous savez que, dans une heure, je serai au service du baron?

— Peu m'importe.

— Vous pensez bien que je ne suis pas venu de si loin pour me payer de vos réponses.

— Faites ce que vous voudrez.

M. Goefle entendit ouvrir la porte, et il se présenta résolûment au-devant de la personne qui sortait. Il se trouva en face d'un homme d'une trentaine d'années et d'une assez belle figure, mais d'une pâleur sinistre. L'avocat et l'inconnu se regardèrent dans les yeux en passant tout près l'un de l'autre dans l'étroit escalier. Le coup d'œil franc, sévère et scrutateur de l'avocat rencontra l'œillade oblique et méfiante de l'inconnu, qui le salua respectueusement et descendit jusqu'à la dernière marche, tandis que M. Goefle gagna le palier de l'escalier; mais, quand tous deux en furent là, ils se retournèrent pour se regarder encore, et l'avocat trouva quelque chose de diabolique dans cette figure blême éclairée par une petite lampe suspendue devant l'entrée intérieure du vestibule. M. Goefle entra chez Stenson et le trouva assis, la tête dans ses mains, immobile comme une statue. Il fut forcé de lui toucher le bras pour que le vieillard s'aperçût de sa présence. Celui-ci était si absorbé dans ses pensées, qu'il le regarda d'un air hébété et eut besoin de quelques instants pour le reconnaître et pour rassembler ses idées. Enfin il parut revenir à lui-même en faisant un grand effort de volonté, et, se levant, il salua M. Goefle avec sa politesse accoutumée, lui demanda de ses nouvelles et lui offrit son propre fauteuil, dont l'avocat refusa de le déposséder. En serrant sa main, M. Goefle la trouva tiède et humide de sueur ou de larmes, et se sentit ému. Il avait beaucoup d'estime et d'affection pour Sten, et il était habitué à lui témoigner le respect qu'il devait à son âge et à son caractère. Il voyait bien que le vieillard subissait une crise terrible, et qu'il la supportait avec dignité ; mais quel était donc ce secret qu'un inconnu à la figure suspecte et au langage cynique semblait tenir suspendu comme une épée de Damoclès au-dessus de sa tête ?...

Cependant Stenson avait repris son air grave, un peu froid et cérémonieux. Il n'avait jamais été expansif avec personne. Soit fierté, soit timidité, il était aussi réservé avec les gens qu'il connaissait depuis trente ans qu'avec ceux qu'il voyait pour la première fois, et son habitude de répondre par monosyllabes aux questions les plus sérieuses comme aux plus insignifiantes avait rendu très-surprenantes pour M. Goefle les quelques phrases suivies qu'il venait de lui entendre dire à l'inconnu.

— Je ne vous savais pas arrivé à Waldemora, monsieur l'avocat, dit-il ; vous venez pour le procès ?

— Pour le procès du baron avec son voisin de l'Elfdalen, qui réclame peut-être avec raison : j'ai conseillé au baron de ne pas plaider. M'entendez-vous, monsieur Stenson?

— Oui, monsieur, fort bien.

Comme le vieillard, par politesse excessive, avait coutume de répondre toujours ainsi, qu'il eût entendu ou non, M. Goefle, qui tenait à causer avec lui, s'approcha de son oreille et s'étudia à bien articuler chaque syllabe; mais il vit bientôt que ce soin était moins nécessaire qu'il ne l'avait été les années précédentes. Loin que la surdité de Stenson eût augmenté, elle semblait diminuée de beaucoup. M. Goefle lui en fit compliment. Stenson secoua la tête et dit :

— C'est par moments; c'est très-inégal. Aujourd'hui, j'entends tout.

— N'est-ce pas quand vous avez éprouvé quelque émotion vive? reprit M. Goefle.

Stenson regarda l'avocat avec surprise, et, après un moment d'hésitation, il fit cette réponse qui n'en était pas une :

— Je suis nerveux, très-nerveux!

— Puis-je vous demander, reprit M. Goefle, quel est l'homme que je viens de rencontrer sortant d'ici?

— Je ne le connais pas.

— Vous ne lui avez pas demandé son nom?

— C'est un Italien.

— Je vous demande son nom?

— Il dit s'appeler Giulio.

— Il va entrer au service du baron?

— C'est possible.

— Il a une mauvaise figure...

— Vous trouvez?

— Au reste, ce ne sera pas la seule autour du baron...

Stenson s'abstint de toute adhésion, et sa figure resta impassible. Il n'était pas aisé d'entamer une conversation délicate et intime avec un homme dont l'attitude cérémonieuse semblait toujours dire : « Parlez-moi de ce qui vous intéresse et non de ce qui me concerne. » Cependant M. Goefle était poussé par le démon de la curiosité, et il ne se laissa pas rebuter.

— Cet Italien vous parlait sur un ton peu poli, dit-il brusquement.

— Croyez-vous? reprit le vieillard d'un air d'indifférence.

— J'ai entendu cela en montant votre escalier.

La figure de Sten trahit une certaine émotion, mais il ne l'exprima par aucune question inquiète sur ce que M. Goefle avait pu entendre.

— Il vous menaçait! ajouta celui-ci.

— De quoi? dit Stenson haussant les épaules. Je suis si vieux...

— Il vous menaçait de révéler au baron ce que vous avez tant d'intérêt à tenir caché.

Stenson demeura calme comme s'il n'eût pas entendu. M. Goefle insista encore.

— Quel est donc ce Manassé qui est mort?

Même silence de Stenson, dont les yeux impénétrables, attachés sur M. Goefle, semblaient lui dire : « Si vous le savez, pourquoi le demandez-vous? »

— Et l'*autre*? reprit l'avocat; de quel autre vous parlait-il?

— Vous écoutiez, monsieur Goefle? demanda à son tour le vieillard d'un ton d'extrême déférence, où le blâme se faisait pourtant clairement sentir.

L'avocat fut intimidé; mais sa bonne intention le rassura.

— Trouvez-vous surprenant, monsieur Stenson, dit-il, que, frappé de l'accent de menace d'une voix inconnue, je me sois approché avec la volonté de vous secourir au besoin?

Stenson tendit à M. Goefle sa vieille main ridée, redevenue froide.

— Je vous remercie, dit-il.

Puis il remua quelques instants les lèvres, comme un homme peu habitué à parler, qui veut s'épancher;

mais il tarda tant, que M. Goefle lui dit pour l'encourager :

— Cher monsieur Stenson, vous avez un secret qui vous pèse, et vous vous trouvez, par suite, sous le coup de quelque danger sérieux?

Stenson soupira et répondit laconiquement :

— Je suis un honnête homme, monsieur Goefle !

— Et pourtant, reprit celui-ci vivement, votre conscience pieusement timorée vous reproche quelque chose !

— Quelque chose? dit Stenson avec un ton d'autorité douce, comme s'il eût dit : « J'attends que vous me le disiez. »

— Vous avez, du moins, à craindre, reprit l'avocat, quelque vengeance du baron?

— Non, répondit Stenson avec une force subite; je sais ce que m'a dit le médecin.

— Le médecin l'a-t-il condamné? Est-il si avancé dans son mal? Je l'ai vu ce matin : il semble en avoir encore pour longtemps.

— Pour des mois, reprit Stenson, et, moi, j'en ai encore pour des années. J'ai consulté hier... Je consulte tous les ans...

— Alors... vous attendez sa mort pour révéler quelque chose de grave?... Vous savez cependant qu'on le dit capable de faire mourir les gens qu'il redoute : qu'en pensez-vous?

Les traits de Stenson exprimèrent la surprise; mais il sembla, cette fois, à M. Goefle que c'était une surprise de commande et de pure convenance, car une secrète anxiété succéda visiblement. Stenson était habile à se contenir, sinon à dissimuler.

— Stenson, lui dit l'avocat avec l'énergie de la sincérité et en lui prenant les deux mains, je vous le répète : un secret vous pèse. Ouvrez-moi votre cœur comme à un ami, et comptez sur moi, s'il y a une injustice à réparer.

Stenson hésita quelques instants; puis, ouvrant avec agitation un tiroir de son bureau, dont il prit la clef dans sa poche, il montra à M. Goefle une petite boîte cachetée en disant :

— Votre parole d'honneur ?
— Je vous la donne.
— Sur la sainte Bible?
— Sur la sainte Bible!... Eh bien?
— Eh bien!... si je meurs avant *lui*..., ouvrez, lisez et agissez... *quand je serai mort!*

M. Goefle jeta les yeux sur la boîte; il y vit son nom et son adresse.

— Vous aviez pensé à moi pour ce dépôt? dit-il. Je vous en sais gré, mon ami; mais, si votre vie est menacée, pourquoi tarder à tout dire? Voyons, cher monsieur Stenson, je commence à ouvrir les yeux... Le baron...

Stenson fit signe qu'il ne répondrait pas. Goefle poursuivit quand même :

— Il a fait mourir de faim sa belle-sœur!

— Non! s'écria Stenson avec l'accent de la vérité; non, non, cela n'est pas!

— Mais, lorsqu'elle signa certaine déclaration relativement à sa grossesse, elle subissait une contrainte?

— Elle signa librement et volontairement... J'étais là, j'ai signé aussi.

— Qu'a-t-on fait de son corps? L'a-t-on jeté aux chiens?

— Oh! mon Dieu! n'étais-je pas là? Il a été enseveli religieusement.

— Par vous?

— De mes propres mains!... Mais vous êtes curieux! rendez-moi la boîte!

— Vous doutez donc de mon serment?

— Non, reprit le vieillard, gardez-la et ne m'interrogez plus...

Il serra encore la main de M. Goefle, se rapprocha du feu, et retomba, en réalité ou à dessein, dans une surdité absolue. M. Goefle, pour le distraire, et dans l'espoir de leramener un peu plus tard à des velléités d'épanchement, essaya de lui parler du procès principal dont le baron l'avait entretenu le matin. Cette fois, il fut forcé d'écrire ses questions, auxquelles le vieillard répondit avec sa lucidité ordinaire. Selon lui, les richesses minérales de la montagne en litige appartenaient à un voisin, le comte de Roseinstein. Il en donna de bonnes raisons, et, fouillant dans ses cartons, rangés et étiquetés avec le plus grand soin, il en fournit des preuves. M. Goefle observa que c'était son propre sentiment, et qu'il allait être forcé de se brouiller avec le baron, si celui-ci persistait à lui confier une mauvaise cause. Il ajouta encore quelques réflexions sur le méchant caractère présumé de son client; mais comme Stenson ne paraissait pas entendre, et qu'une conversation écrite ne permet guère les surprises, M. Goefle dut renoncer à l'interroger davantage.

En retournant à la chambre de l'ourse, M. Goefle se demanda s'il devait confier à Christian la situation dans laquelle il se trouvait à l'égard de Stenson, et, réflexion faite, il se regarda comme engagé au silence. L'avocat, d'ailleurs, était peu porté à l'expansion dans ce moment-là. Il était agité de mille pensées bizarres, de mille suppositions contradictoires. Son cerveau travaillait comme si une cause ardue et pleine de problèmes eût été confiée à sa sagacité. C'était cependant tout le contraire : Stenson lui interdisait même la curiosité. Cela était bien inutile, et M. Goefle n'était pas le maître d'imposer silence à ses tumultueuses hypothèses. Il trouva Christian dans une situation qui rendait son silence bien facile. Christian, loin de songer à l'interroger, avait oublié le sujet de leur précédent entretien, et ne se préoccupait que de sa pièce. C'était, d'ailleurs, avec un grand découragement, et, quand l'avocat lui demanda s'il avait trouvé le moyen de se passer de son valet, il lui répondit qu'il cherchait en vain ce moyen depuis une heure. A la rigueur, Christian pouvait s'en passer, mais en risquant beaucoup d'accidents et de lacunes fâcheuses dans sa mise en scène. Il voyait là une si grande fatigue, une si grosse dépense d'esprit et de volonté, qu'il aimait mieux y renoncer.

— Vrai! dit-il à M. Goefle, qui essayait de le stimuler, je vous jure, en style de bateleur, que le jeu ne vaudrait pas la chandelle; en d'autres termes, que je m'épuiserais sans profit pour ma gloire, et que je volerais l'argent du baron. Allons, voilà une affaire manquée : n'y songeons plus. Savez-vous ce qu'il me reste à faire, monsieur Goefle? C'est de renoncer à briller dans ce pays, c'est de remballer tout cela, de

partir, sans tambour ni trompette, pour quelque ville
où je me mettrai en quête d'un autre valet pouvant
me servir de compère, et assez pieux pour tenir le
serment, que j'exigerai de lui, de ne jamais boire
que de l'eau, le vin coulât-il par torrents dans les
montagnes de la Suède!

— Diable! diable! dit M. Goefle, vivement contrarié de l'idée de perdre son compagnon de chambre...
Si je croyais pouvoir faire agir un peu ces bonshommes;... mais, bah! je ne saurai jamais.

— Rien n'est pourtant plus facile. Essayez : l'index
dans la tête, le pouce dans un bras, le doigt du milieu dans l'autre bras... Mais vous y êtes! c'est cela !
Voyons, saluez, levez les mains au ciel!

— Ce n'est rien, cela; mais mettre le geste d'accord avec la parole! et puis que dire? Je ne sais improviser que le monologue, moi!

— C'est déjà beaucoup. Tenez, plaidez une cause;
élevez ce bras, oubliez que vous êtes M. Goefle, ayez
l'œil sur la figurine que vous faites mouvoir. Parlez,
et tout naturellement les gestes que feraient vos bras
et toute l'attitude de votre personne vont se reproduire au bout de vos doigts. Il ne s'agit que de se
pénétrer de la réalité du *burattino*, et de transporter
votre individualité de vous à lui.

— Diantre! cela vous est facile à dire; mais quand

on n'a pas l'habitude... Voyons donc un peu. Je suppose que je plaide... Que plaiderais-je bien?

— Plaidez pour un baron accusé d'avoir fait assassiner son frère!

— Pour? J'aimerais mieux plaider contre.

— Si vous plaidez *contre*, vous serez pathétique; si vous plaidez *pour*, vous pourrez être comique.

— Soit, dit M. Goefle en allongeant le bras qui tenait la figurine et en gesticulant. Je plaide, écoutez. « Que pouvez-vous alléguer contre mon client, ô vous qui lui reprochez une action aussi simple, aussi naturelle que celle d'avoir supprimé un membre gênant de sa famille? Depuis quand un homme qui aime l'argent et le dépense est-il astreint à respecter cette vulgaire considération que vous appelez le droit de vivre? Le droit de vivre! mais nous le réclamons pour nous-mêmes, et qui dit le droit de vivre, dit le droit de vivre à sa guise. Or, donc, si nous ne pouvons vivre sans une fortune considérable et sans les priviléges de la grandeur, si, faute de luxe, de châteaux, de crédit et de pouvoir, nous sommes condamnés à périr de honte et de dépit, à crever d'ennui, comme on dit en langue vulgaire, nous avons, nous revendiquons, nous prenons le droit de nous débarrasser de tout ce qui fait obstacle à l'épanouissement, à l'extension, au rayonnement de notre vie morale et physique! Nous avons pour nous... »

Plus haut! dit Christian, qui écoutait en riant le satirique plaidoyer de l'avocat.

— « Nous avons pour nous, reprit M. Goefle élevant la voix, la tradition de l'ancien monde, depuis Caïn jusqu'au grand roi Birger-Iarl, qui fit mourir de faim ses deux frères dans le château de Nikœping. Oui, messieurs, nous avons la vieille coutume du Nord et le glorieux exemple de la cour de Russie dans ces derniers temps. Qui de vous oserait opposer la petite morale aux grandes considérations de la raison d'État? La raison d'État, messieurs; savez-vous ce que c'est que la raison d'État? »

— Plus haut! reprit Christian; plus haut, monsieur Goefle!

— « La raison d'État, cria M. Goefle en fausset, car sa voix ne se prêtait pas à un diapason très-élevé; la raison d'État, c'est, à nos yeux... »

— Plus haut!

— Que le diable vous emporte!... Je m'y casserai le pharynx! Merci, j'en ai assez, s'il faut hurler de la sorte.

— Eh! non, monsieur Goefle! je ne vous dis pas de parler plus haut; depuis une heure, je vous élève le bras, et vous ne voulez pas comprendre que, si vous tenez ainsi la marionnette au niveau de votre poitrine, personne ne la verra, et que vous jouerez pour vous seul ! Regardez-moi : il faut que votre main dépasse votre tête. Allons, à nous deux, un dialogue ! Je suis l'avocat de la partie adverse, et je vous interromps, en proie à une indignation qui ne se contient plus. « Je ne puis en écouter davantage, et, puisque les juges endormis sur leurs siéges supportent un pareil abus de la parole humaine, en dépit de l'éloquence spécieuse de mon illustre et redoutable adversaire, je... » Interrompez-moi donc, monsieur Goefle ! il faut toujours interrompre !

— « Avocat, s'écria M. Goefle, vous n'avez pas la parole. » Je fais le juge.

— Très-bien ! mais alors changez de voix.

— Je ne saurais...

— Si fait ! Vous avez une main libre, pincez-vous le nez.

— Fort bien, dit M. Goefle en nasillant... « Avocat de la partie adverse, vous parlerez à votre tour... »

— Bravo ! « Je veux parler tout de suite ! je veux confondre les odieux sophismes de mon adversaire !... »

— « Odieux sophismes ! »

— Très-bien, oh ! très-bien ; le ton courroucé !... Je réplique : « Orateur sans principes, je te traduirai au ban de l'opinion publique!... » Donnez-moi un soufflet, monsieur Goefle.

— Comment! que je vous donne un soufflet?

— Eh! oui, sur la joue de mon avocat, et que cela fasse du bruit surtout; le public rit toujous à ce bruit-là. Tenez bien vos doigts, je vais vous arracher votre bonnet. Voyons, colletons-nous. Bravo! faites sortir la marionnette de mes doigts avec les vôtres, et lancez-la dans le public. Les enfants courent après, la ramassent, la regardent avec admiration, et la relancent dans le théâtre. Prenez garde de la recevoir sur la tête! On rit à se tenir les côtes dans le public, Dieu sait pourquoi, mais c'est toujours ainsi. Les injures et les coups sont un spectacle délicieux pour la foule; pendant cette hilarité, votre personnage quitte la scène d'un air triomphant.

— Et nous respirons un peu, à la bonne heure! J'en ai besoin, je suis égosillé!

— Respirer! oh! que non pas! l'*operante* ne se repose jamais. Il faut nous hâter de prendre d'autres personnages pour la scène suivante, et, afin que le public ne se refroidisse pas devant le théâtre vide, il faut parler toujours, comme si les anciens acteurs se disputaient encore dans la coulisse, ou comme si les nouveaux approchaient en devisant sur ce qui vient de se passer.

— Peste! mais c'est un métier de cheval que nous faisons-là!

— Je ne vous dis pas le contraire; mais les nerfs s'excitent, et l'on va de mieux en mieux. Voyons, monsieur Goefle, à une autre scène! Faisons comparaître...

— Mais j'en ai assez, moi! Croyez-vous donc que je veuille montrer les marionnettes?

— J'ai cru que vous vouliez m'aider à les montrer ce soir!

— Moi! que je me donne en spectacle?

— Qui saura que c'est vous? On dresse le théâtre devant une porte donnant dans une pièce où personne ne pénètre. Une tapisserie vous isole du public. Au besoin, on se masque, si l'on risque d'être rencontré dans les corridors en entrant et en sortant.

— C'est vrai, personne ne vous voit, personne ne sait que vous êtes là; mais ma voix, ma prononciation!... Tout le monde dira dès mes premiers mots: « Bon, c'est M. Goefle! » Eh bien, cela fera un joli effet! Un homme de mon âge, exerçant une profession grave! C'est impossible, ne songeons point à cela.

— C'est dommage, vous alliez bien!

— Vous trouvez?

— Mais certainement, vous m'auriez fait avoir un grand succès!

—Mais ma diable de voix, que tout le monde connaît...

— Il y a mille manières de changer son organe. En un quart d'heure, je vous en indiquerais trois ou quatre, et c'est plus qu'il n'en faudrait pour ce soir.

— Essayons. Si j'étais sûr que personne ne se doutât de ma folie! Ah! voici un instrument dont je comprends l'usage ; c'est un pince-nez... Et ceci est pour mettre dans la bouche, soit sur la langue, soit en dessous.

— Non, non, dit Christian, ce sont là des procédés grossiers à l'usage de Puffo. Vous êtes trop intelligent pour en avoir besoin. Écoutez-moi et imitez-moi.

— Au fait, dit M. Goefle après quelques essais promptement réussis, ce n'est pas bien malin! J'ai joué la comédie de société dans mon jeune temps pas plus mal qu'un autre, et je savais bien comment il faut faire le vieillard édenté, le fat qui blaise, le pédant qui se lèche les lèvres à chaque parole. Allons, allons, pourvu que vous ne me fassiez pas trop parler et fatiguer le gosier, je me charge bien de vous donner la réplique pour trois ou quatre scènes. Il s'agit de répéter la pièce. Qu'est-ce que c'est ? où est-elle ? quel est le titre ?

— Attendez, attendez, monsieur Goefle : j'ai une quantité de canevas qu'il vous suffirait de lire une fois, vu que celui que l'on représente, écrit en gros caractères et résumé en peu de mots, est toujours attaché devant nous sur la face interne du théâtre; mais ce que je voudrais pour jouer avec vous, c'est que la pièce vous fût agréable en se prêtant à votre fantaisie d'improvisation, et, pour cela, si vous m'en croyez, nous allons la faire nous-mêmes, à nous deux, et tout de suite.

— C'est une idée cela, une excellente idée ! dit M. Goefle. Vite, asseyons-nous ici; faites de la place sur cette table. Quel sera le sujet ?

— Celui que vous voudrez.

— Votre propre histoire, Christian, ou du moins quelques parties de votre histoire, telle que vous me l'avez racontée.

— Non, monsieur Goefle, mon histoire n'est pas gaie, et ne m'inspirerait rien de divertissant. Il n'y a rien de romanesque dans ma vie que ce que précisément j'en ignore, et c'est sur cette partie-là que j'ai souvent brodé les aventures de mon Stentarello. Vous savez que le Stentarello est un personnage qui se plie à tous les caractères et à toutes les situations. Eh bien, une de mes fantaisies est de lui attribuer une naissance mystérieuse comme la mienne, dont il raconte souvent, au début, de mes pièces, les circonstances particulières, l'histoire, vraie ou ou feinte, que Sofia Goffredi tenait du petit juif. Je m'amuse à cela quelquefois, avec l'idée que je surprendrai dans mon public un mot, un cri qui me fera retrouver ma mère. Que voulez-vous! c'est une fantaisie à moi; mais parlons de Stentarello : c'est un type comique, tantôt jeune, tantôt vieux, selon que je lui cloue sur la tête une perruque blonde ou blanche. Or, pour être risible, il faut qu'il ait des ridicules. Dans la donnée dont je vous parle et que je vous propose, il va cherchant à découvrir les auteurs de ses jours, avec la prétention d'être au moins le bâtard d'un souverain. Il s'agit donc de le promener à travers des aventures absurdes, où il fait des bévues extravagantes, jusqu'à ce qu'enfin il découvre qu'il est le fils d'un rustre et s'estime encore bien heureux, après toutes ses disgrâces, de trouver chez son père l'asile et la nourriture.

— Très-bien, dit M. Goefle ; nous le ferons gourmand et le fils d'un rôtisseur ou d'un pâtissier.

— A merveille! vous y êtes. Commençons.

— Écrivez, si vous êtes lisible; moi, je ne le suis guère. Je trouve l'écriture trop lente pour rendre la parole, et je griffonne comme un chat. Diable ! quelle belle écriture vous avez !... Mais que faites-vous là ?

— J'écris d'abord les noms de nos personnages.

— Je le vois bien; mais vous mettez au premier acte : *Stentarello au maillot ?*

— Voilà mon idée, monsieur Goefle. Je suis las de faire raconter à ce pauvre Stentarello le conte que l'on m'a fait de ma descente, au bout d'une corde, d'une fenêtre dans un bateau. Je veux, si vous y consentez, mettre cela en scène.

— Oui-da ! Et comment diable ferez-vous ?

— J'ai là, dans mes décors, un vieux château...

— Qu'allez-vous en faire ?

— Je vais en faire le Stollborg. Nous lui donnerons un autre nom, mais ce sera le paysage romantique dont j'ai été frappé sur le lac au soleil couchant, et dont j'ai fait un croquis.

— Vous allez peindre ?

— Oui, pendant que vous écrirez mal ou bien, peu importe; j'ai tant déchiffré d'hiéroglyphes avec mon pauvre Goffredi ! Songez que le temps presse ; j'ai là tout ce qu'il me faut pour modifier mes décors selon les besoins du moment : un peu de colle figée dans une boîte de fer-blanc, quelques petits sacs de poudre de diverses couleurs... Ma toile n'est pas plus grande que le fond de mon théâtre, et, d'ailleurs, cela sèche en cinq minutes. Il ne m'en faut guère plus pour faire une fenêtre à mon donjon carré. Regardez, monsieur Goefle : d'abord je la rends praticable en découpant la toile... j'ai là mes ciseaux ; puis je fais chauffer ma colle au poêle... Avec du fusain, j'esquisse mon tas de gros galets, comme cela, vous voyez. Il y en a qui surplombent... J'ai bien observé, c'était merveilleux... Je donnerai le ton de la glace à ce terrain... Oh ! mais non ! il faut que ce soit de l'eau, puisque nous avons une barque...

— Où la prendrez-vous ?

— Dans la boîte aux *accessoires.* Croyez-vous que je n'aie pas de barque ? et des navires, et des voitures, et des charrettes, et des animaux de toute sorte ? Pourrais-je me passer de ce magasin de découpures qui rend toutes mes pièces possibles et qui tient si peu de place ? Oh ! encore une idée, monsieur Goefle ; je place la barque sous cette voûte formée par les galets.

— A quoi bon ?

— A quoi bon ? Cela nous donne une scène du plus grand effet ! Écoutez bien ; nous supposons la naissance de l'enfant très-mystérieuse ?

— Cela va sans dire.

— Environnée de périls ?

— Nécessairement.

— C'est un enfant de l'amour?

— Comme il vous plaira.

— Un mari jaloux... Non, point d'adultère? Si, par hasard, c'est réellement ma propre histoire, j'aime mieux n'être pas le fruit d'un amour coupable. Ma mère..., la pauvre femme ! je n'ai peut-être rien à lui reprocher, me soustrait à la vengeance d'un frère ou d'un oncle farouche... capable de me tuer pour cacher une mésalliance, un hymen clandestin !

— Très-bien; je retiens le rôle de l'oncle implacable, quelque noble espagnol qui veut tuer l'enfant! On cache l'innocente créature au fond du lac, au risque de la noyer un peu, après l'avoir jetée par la fenêtre pour la sauver de tout péril.

— O monsieur Goefle, vous vous envolez dans les régions du fantastique ! Ce n'est pas mon école. Je reste toujours dans une certaine vraisemblance romanesque, parce qu'on ne fait ni rire ni pleurer avec des situations impossibles. Non, non, représentons de véritables assassins, laids et grotesques comme il y en a. Tandis qu'ils errent sur les galets, surveillant la fenêtre, la barque, qui heureusement a déjà reçu furtivement le précieux dépôt (style consacré), glisse mollement et sans bruit sous les rochers, là, juste au-dessous des sbires qui ne se doutent de rien. Le public s'attendrit d'autant plus qu'il rit de la figure des assassins. Il aime beaucoup à rire et à pleurer en même temps... Et le rideau tombe sur la fin du premier acte au bruit des applaudissements.

— Excellent, excellent ! s'écria M. Goefle. Vous ferez donc mouvoir la barque ! Mais il n'y aura personne à la fenêtre ?

— Si fait ! N'ai-je qu'une main ? Tandis que de la gauche je pousse mon esquif sur les ondes limpides, de la droite je tiens à la fenêtre la fidèle camériste qui a fait descendre le panier, et qui élève vers le ciel ses beaux petits bras de bois, dans une attitude suppliante, en s'écriant d'une voix douce : « Divine Providence ! veille sur l'enfant du mystère ! »

— Ah ça ! et la mère, on ne la verra pas ?

— Non, ce ne serait pas convenable.

— Et le père ?

— Le père est en Palestine. C'est toujours là qu'on envoie les acteurs dont on n'a que faire.

— Je ne demande pas mieux ; mais, si les sbires sont sur pied, s'il y a un frère à honneur castillan et une fidèle camériste, Stentarello sera donc de noble famille ?

— Ah ! diable ! comment arranger cela ?

— Rien de plus simple. L'enfant que nous faisons

descendre par la fenêtre est bien le jeune Alonzo, fils de la duchesse. Stentarello est le fils du pâtissier de monseigneur.

— Mais que viendra faire là ce pâtissier?

— Est-ce que je sais, moi? C'est à vous de trouver quelque chose. Si vous faites de la peinture, vous ne m'aiderez pas du tout!

— Oh! regardez donc, monsieur Goefle, comme mon ciel vient bien!

— Il vient trop, il vient en avant!

— Vous avez raison. Diable! vous avez de l'œil, monsieur l'avocat! Je vais foncer un peu mon donjon.

— Très-bien. Le ciel rose est joli à présent et rappelle assez les nuages brillants de notre atmosphère; mais ce n'est pas là un ciel d'Espagne?

— Mettons la scène en Suède, pourquoi pas?

— Oh! non, par exemple! Savez-vous que, dans notre acte... et surtout avec cette vue du Stollborg que vous venez de faire, il y aurait lieu, si l'imagination voulait se donner carrière, à certains rapprochements.

— Avec l'histoire de la baronne de Waldemora?

— Eh! qui sait? Dans la réalité, il n'y en a pas, puisqu'il n'y a pas eu d'enfant; mais certains esprits pourraient s'imaginer que nous représentons la prétendue captivité de la dame grise. Non, Christian, la scène en Espagne! cela vaudra beaucoup mieux.

— Va pour l'Espagne! Donc, nous disons que le pâtissier a un marmot qui vient de naître, et qui sera l'illustre Stentarello. Or, le cuisinier du château, qui envoyait à ce pâtissier, de la part du baron...

— Du baron?

— Vous m'avez remis le baron en tête en me parlant de rapprochements possibles. Notre traître s'appellera don Diego ou don Sanche.

— A la bonne heure! Donc le cuisinier du baron... Bon! m'y voilà aussi, moi! je veux dire de don Sanche. Que lui envoie-t-il?

— Un magnifique pâté dans une corbeille, pour qu'il ait à le faire cuire.

— J'y suis, j'y suis! Il avait déposé cette corbeille dans la barque. Le batelier chargé d'enlever et de sauver l'enfant du mystère n'y fait pas attention et emporte les deux corbeilles : puis il se trompe, porte le pâté en nourrice, et envoie au pâtissier un enfant à mettre au four!

— Et le bon pâtissier élève les deux enfants, ou bien il s'embrouille et garde celui de la duchesse. De là, par la suite, des quiproquos sans fin, et nous marchons au dénoûment avec certitude. Courage, monsieur Goefle ; j'ai fini de peindre, et je reprends la plume. Mettons les scènes en ordre. « Scène première : le Cuisinier seul. »

— Attendez donc, Christian. Pourquoi n'a-t-on pas descendu tout bonnement l'enfant par un escalier ?

— Oui, au fait, d'autant que le Stollborg a un escalier dérobé ; mais il est gardé par des sbires.

— Incorruptibles ?

— Non, mais la duchesse est à court d'argent, et le traître en a les poches pleines. « Seconde scène : don Sanche, l'oncle féroce, arrive pour surveiller le crime. »

— Que ne monte-t-il lui-même dans le donjon, où la victime est sa prisonnière, et que ne jette-t-il l'enfant par la fenêtre sans tant de cérémonie ?

— Ah ! cela, par exemple, je n'en sais rien. Mettons que l'enfant ne soit pas encore né, et que l'on attende le moment fatal !

— Très-bien. L'enfant va donc naître, et c'est pendant que don Sanche entre dans le donjon et monte l'escalier, que Paquita, la cameriste, descend l'enfant qui vient de voir la lumière ! Dites-moi, verra-t-on l'enfant ?

— Certes ! je vais le peindre dans le berceau. Un

bout de ficelle représentera la corde. Tout cela sera en découpure et vu dans l'éloignement.

— Alors le traître est fort désappointé de trouver l'oiseau envolé? Que va-t-il faire? Si nous le faisions tomber par la fenêtre et se briser la tête contre les rochers?

— Non pas! Gardons cela pour le dénoûment de la pièce, c'est une excellente fin!

— Eh bien, dans sa rage, il tue sa malheureuse nièce. On entend un cri, et le meurtrier paraît en disant : « Mon honneur est vengé! »

— Son honneur!... J'aimerais mieux qu'il dit : « Ma fortune est faite. »

— Pourquoi?

— Parce qu'il hérite de la duchesse : ne le faisons pas scélérat à moitié, puisque nous sommes résolus à lui rompre le crâne au dénoûment!

— Certainement, c'est logique ; mais...

— Mais quoi?

— Oh! c'est que nous retombons en plein dans l'histoire du baron Olaüs, telle que la racontent ses ennemis : une parente emprisonnée, disparue...

— Qu'est-ce que ça fait, puisque vous êtes sûr que l'histoire n'est pas vraie?

— J'en suis aussi sûr que possible, et pourtant... Tenez, vous m'avez rendu tout à fait visionnaire avec votre voix mystérieuse, votre idée d'une prisonnière dans les souterrains, votre explication de ma propre vision de cette nuit et vos paroles de la Bible !

— Comme il n'y a très-probablement dans tout cela qu'un amusement de nos imaginations, nous ne risquons d'offenser personne, et, d'ailleurs, monsieur Goefle, quand même, sous le masque et le pseudonyme de Christian Waldo, je réveillerais quelque maussade souvenir dans l'esprit de M. le baron, que m'importe, je vous le demande? Quant à vous, qui serez parfaitement *incognito* à mes côtés...

— Quant à moi, qui serait épié et signalé au baron, pour peu qu'il le commande à ses méchants laquais...

— Si vous courez vraiment quelque risque, n'en parlons plus, et cherchons vite un autre sujet de comédie.

M. Goefle demeura absorbé quelques instants, à la grande impatience de Christian, qui ne voyait pas sans inquiétude marcher l'aiguille de la pendule. Enfin l'avocat, se frappant le front et se levant avec une vivacité nerveuse, s'écria en se mettant à marcher par la chambre :

— Eh bien, qui sait si ce n'est pas reculer devant la recherche de la vérité ? Serai-je donc un courtisan poltron de ce personnage problématique? N'en aurai-je pas le cœur net une bonne fois? Sera-t-il dit qu'un aventurier, c'est-à-dire un beau et bon enfant du hasard, digne à coup sûr d'un meilleur sort, trouvera, dans son insouciance, le courage de braver un puissant ennemi, tandis que moi, serviteur officiel de la vérité, défenseur attitré de la justice humaine et divine, je m'endormirai dans une paresse égoïste voisine de la lâcheté?... Christian ! ajouta M. Goefle en se rasseyant, mais toujours très-exalté, passons au deuxième acte, et faisons une pièce terrible ! Que vos marionnettes s'illustrent aujourd'hui ! qu'elles deviennent des personnages sérieux, de vivantes images, des instruments de la destinée ! que, comme dans la tragédie d'*Hamlet*, ces acteurs représentent un drame qui fasse frémir et pâlir le crime triomphant, à la fin démasqué ! Voyons, Christian, à l'œuvre ! Supposons... tout ce que l'on suppose dans ce pays-ci sur le compte du baron : qu'il a empoisonné son père, assassiné son frère, fait mourir de faim sa belle-sœur...

— Oh ! justement dans cette chambre !... dit Christian, qui rêvait un décor de troisième acte... Voyez quelle belle scène à faire ! Je suppose que l'enfant... Puisque nous supposons un enfant, supposons que le fils de la duchesse revienne au bout de vingt-cinq ans pour rechercher la vérité et punir le crime ! Voyez-vous nos marionnettes enfonçant la muraille mystérieuse, et trouvant là.... derrière ces briques... On ferait vite un décor *ad hoc,* j'en aurais le temps....

— Trouvant quoi? dit M. Goefle.

— Je ne sais pas, dit Christian devenu tout à coup pensif et sombre. Il me passe par la tête des idées si noires que je renonce à cette donnée. Elle m'ôterait tout mon entrain, et, au lieu de continuer la pièce, je me mettrais à démolir ce mur avec une rage de curiosité...

—Allons, ne devenez pas fou, mon ami Christian ! C'est bien assez que je le sois, car tout ceci est une rêverie, et ma conscience me défend d'ailleurs de m'arrêter à des soupçons qui sont le résultat d'un estomac fatigué ou d'un cerveau malade d'inaction. Achevez la pièce, et faites-la inoffensive, si vous voulez la faire divertissante; moi, je vais décidément travailler un peu, car j'ai là à dépouiller un carton que Stenson vient de me remettre, et sur le contenu duquel il faut que je me fasse une opinion définitive, vu que, d'un moment à l'autre, le baron peut me faire demander la solution que ce matin je lui ai promise.

Christian se mit à écrire sa pièce de théâtre, et M. Goefle à lire ses pièces de procédure, chacun sur un bout de la grande table, vers le milieu de laquelle ils avaient repoussé les mets du déjeuner. Ulphilas vint les renouveler en silence. Il était dans son état habituel d'ivresse semi-lucide, et il eut avec M. Goefle une assez longue dissertation, que n'entendit et n'écouta point Christian, à propos d'une soupe faite avec du lait, de la bière et du sirop, plat national que M. Goefle voulait avoir à son souper, et qu'Ulphilas se vanta de savoir faire aussi bien que personne en Suède. Il désarma, par cette promesse, le courroux de l'avocat, qui lui reprochait d'avoir grisé son petit laquais, reproche auquel Ulphilas jurait ne rien comprendre, et peut-être le jurait-il de bonne foi, lui qui portait les alcools avec tant d'aplomb et de sérénité.

A six heures, Christian avait fini, et M. Goefle n'avait pas travaillé, inquiet, agité ; et Christian, lorsqu'il levait par hasard les yeux vers lui, rencontrait les siens fixes et préoccupés. Pensant que c'était sa manière de travailler, il ne voulut le distraire par aucune réflexion, jusqu'au moment où Christian lui demanda avec un peu d'inquiétude s'il lui plairait de lire le canevas.

— Oui, certes, dit M. Goefle; mais que ne me le lisez-vous?

— Impossible, monsieur Goefle. Il faut que je choisisse mes personnages, que je mette un peu d'ensemble dans leurs costumes, que je rassemble les pièces de mes décors, que je charge tout cela sur mon âne, et que je m'en aille vite au château neuf pour prendre possession du local qui nous est destiné, monter la baraque, placer l'éclairage, etc. Je n'ai plus une minute à perdre. Il faut commencer à huit heures.

— A huit heures! Diable! voilà une heure détestable. On ne soupera donc qu'à dix heures au château? Et quand souperons-nous, nous autres?

— Ah! oui, le cinquième repas de la journée! s'écria avec désepoir Christian, tout en faisant ses préparatifs à la hâte : au nom du ciel, monsieur Goefle, soupez tout de suite et soyez prêt dans une heure. Vous lirez la pièce en mangeant.

— Oui-da! vous me mettez là à un joli régime! manger sans appétit et lire en mangeant pour ne pas digérer!

— Alors, n'y songeons plus. Je vais essayer de jouer à moi seul. Je ferai comme je pourrai. Bah! quelque bon génie me viendra en aide!

— Non pas, non pas! s'écria M. Goefle, je veux être ce bon génie; je vous l'ai promis, je n'ai qu'une parole.

— Non, monsieur Goefle, je vous remercie; vous n'avez pas l'habitude de ces choses-là. Vous êtes un homme raisonnable, vous ! vous ne sauriez vous affranchir de vos graves préoccupations pour vous mettre sur la tête le bonnet à grelots de la folie ! J'étais un grand indiscret d'accepter.

— Ah çà ! s'écria M. Goefle, pour qui me prenez-vous ? pour un hâbleur qui promet ce qu'il sait ne pouvoir tenir, ou bien encore pour un vieux pédant, incapable de se livrer à un agréable badinage ?

Christian vit que la contradiction était le meilleur stimulant pour ramener l'avocat à son projet, et qu'au fond le digne homme tenait à accomplir ce tour de force de se transformer en agréable baladin sans autre préparation que celle nécessaire à Christian lui-même. Il l'excita donc encore par une feinte discrétion et ne le quitta que lorsqu'il le vit presque piqué de ses doutes, résolu ou plutôt acharné à se mettre en mesure, dût-il manger sans appétit sa soupe au lait et à la bière, et sortir absolument et violemment de ses petites habitudes.

Christian était à la moitié du trajet entre le Stollborg et Waldemora, lorsqu'il se trouva face à face avec une sorte de fantôme noir qui voltigeait par bonds inégaux sur la glace. Il ne lui fallut pas beaucoup de réflexion pour reconnaître M. Stangstadius, porteur comme lui d'une petite lanterne sourde, et se disposant à lui adresser la parole. Comme Christian était bien sûr de ne pas être reconnu par un homme aussi insoucieux des autres, il jugea inutile de baisser son masque sur sa figure et de changer son accent pour lui répondre.

— Holà! mon ami, lui dit le savant, sans daigner même le regarder, vous venez du Stollborg?

— Oui, monsieur.

— Vous y avez vu le docteur Goefle?

— Non, monsieur, répondit Christian, qui s'avisa aussitôt de la perturbation fâcheuse qu'une telle visite apporterait aux bonnes résolutions de son collaborateur.

Comment! reprit Stangstadius, le docteur Goefle n'est pas au Stollborg? Il m'avait dit qu'il y était logé.

— Il y était tantôt, répondit Christian avec aplomb; mais il est parti pour Stockholm il y a deux heures.

— Parti! parti sans attendre ma visite, quand je lui avais annoncé ce matin que j'irais souper avec lui dans la vieille tour? C'est impossible.

— Il l'aura sans doute oublié.

— Oublié! oublié! quand il s'agit de moi? Voilà qui est trop fort, par exemple!

— Enfin, monsieur, reprit Christian, allez-y si bon vous semble, vous ne trouverez ni souper, ni convive.

— Alors j'y renonce ; mais voilà bien la chose la plus extraordinaire !... Il faut qu'il soit devenu fou, ce pauvre Goefle !

Et M. Stangstadius, revenant sur ses pas, se mit à marcher auprès de Christian, qui continuait sa route vers le château. Au bout de quelques instants, le naturaliste se ravisa, et, se parlant à lui-même à haute voix, comme il en avait l'habitude :

— Goefle est parti, dit-il, soit ! c'est un cerveau brûlé, un extravagant ; mais son neveu ! car il a un neveu, un charmant garçon avec qui l'on peut causer, et celui-là, sachant par lui que j'irais dîner là-bas, doit m'attendre. Il faut que j'y aille, certainement il le faut.

Puis, s'adressant à Christian :

— Dites-moi, mon ami, reprit-il, je veux aller au Stollborg décidément... J'ai beaucoup marché aujourd'hui dans la neige, et je suis très-las ; prêtez-moi votre petit cheval ?

— Ce serait avec grand plaisir, monsieur ; mais, si c'est pour trouver le neveu de M. Goefle...

— Oui, certainement, Christian Goefle, il s'appelle comme cela. Vous l'avez vu ? vous êtes homme de service au Stollborg, vous, n'est-ce pas ? eh bien, retournez-y, donnez-moi votre bête, marchez devant et allez faire préparer le souper. C'est une bonne idée, cela!

Et, sans attendre l'agrément de Christian, M. Stangstadius, séduit par la petite taille et l'allure paisible de Jean, qu'il s'obstinait à prendre pour un cheval, voulut monter dessus, sans s'inquiéter de son chargement, qui s'y opposait de la manière la plus absolue.

— Laissez donc cet animal tranquille! lui dit Christian, un peu impatienté de son insistance. Le neveu de M. Goefle est parti avec son oncle, et le Stollborg est fermé comme une prison.

— Le jeune homme est parti aussi! s'écria Stangstadius émerveillé. Mon Dieu! il faut que quelque chose de fâcheux soit arrivé à cette famille pour que l'oncle et le neveu aient pu oublier ce que je leur avais promis; mais ils ont dû laisser une lettre pour moi. Il faut que j'aille la chercher.

— Ils n'ont pas laissé de lettre, reprit Christian, s'avisant d'un nouvel expédient; ils m'ont chargé de dire à un certain M. Stangstadius, au château neuf, qu'ils étaient forcés de partir, et c'est pour cela que je vais au château neuf.

— Un certain M. Stangstadius! s'écria le savant indigné; ils ont dit *un certain?*

— Non, monsieur; c'est moi qui dis cela. Je ne le connais pas, moi, ce M. Stangstadius!

— Ah! c'est toi qui dis cela, imbécile! Un certain Stangstadius! que tu ne connais pas, double brute! C'est bon, à la bonne heure. Eh bien, apprends à me connaître : c'est moi qui suis le premier naturaliste... Mais à quoi bon? Il y a d'étranges crétins sur cette pauvre terre!... Arrête donc ton cheval, animal! Ne t'ai-je pas dit que je voulais monter dessus? Je suis fatigué, te dis-je! Crois-tu que je ne sache pas conduire n'importe quelle bête?

— Voyons, voyons, monsieur le savant, reprit Christian avec sang-froid, quoiqu'il se sentît très-ennuyé de cette rencontre, qui le retardait encore; vous voyez bien que cette pauvre bête est chargée jusqu'aux oreilles.

— La belle affaire! Pose-là ton chargement, et tu reviendras le reprendre.

— C'est impossible, je n'ai pas le temps.

— Quoi! tu me refuses? Quel sauvage es-tu donc? Voici le premier paysan suédois qui refuse son assistance au docteur Stangstadius!... J'en porterai plainte, je t'en réponds, malheureux! Je porterai plainte contre toi!

— A qui? au baron de Waldemora?

— Non, car il te ferait pendre, et tu n'aurais que

ce que tu mérites... Je veux que tu saches que je suis bon; je suis le meilleur des hommes, et je te fais grâce.

— Bah! reprit Christian, qui ne pouvait s'empêcher de se divertir un peu des figures hétéroclites qui se croisaient dans sa vie errante, je ne vous connais pas, et il vous plaît de vous faire passer pour qui vous n'êtes point. Un naturaliste, vous? Allons donc! Vous ne distinguez pas seulement un cheval d'un âne?

— Un âne? reprit Stangstadius, heureusement distrait de sa fantaisie d'équitation; tu prétends avoir là un âne?...

Et il promena sa lanterne autour de Jean, qui, grâce aux soins de son maître, était si bien enveloppé de peaux de divers animaux, qu'il était vraiment d'un aspect fantastique.

— Un âne? Cela ne se peut point; un âne ne vivrait point sous cette latitude... Ce que tu appelles un âne, dans ta crasseuse ignorance, n'est tout au plus qu'une sorte de mulet!... Voyons, je veux m'en assurer; ôte-lui toutes ces peaux d'emprunt.

— Tenez, monsieur, dit Christian : Stangstadius ou non, vous m'ennuyez... Je n'ai pas le temps de causer; bonsoir.

Là-dessus, il chatouilla d'une houssine les jarrets du fidèle Jean, qui prit le trot, et tous deux laissèrent vite derrière eux le docteur ès-sciences. Le bon Christian, toutefois, eut bientôt un remords. Comme il atteignait la rive, il se retourna et vit le pauvre savant qui le suivait de loin, péniblement, en faisant de nombreuses glissades. Il fallait qu'il fût réellement bien fatigué pour s'en apercevoir, lui qui ne vivait que par le cerveau et la langue, et surtout pour en convenir, lui qui avait la prétention d'être l'homme le plus robuste de son siècle.

— Si la force lui manque, pensa Christian, il est capable de rester là sur la glace, et, dans ce pays, un instant de repos forcé pendant la nuit peut être mortel, surtout à un être aussi chétif. Allons, attends-moi là, mon pauvre Jean!

Il courut à M. Stangstadius, qui s'était effectivement arrêté, et qui songeait peut-être à poursuivre son projet de dîner au Stollborg. Cette pensée, qui vint à Chistian, lui fit doubler le pas; mais Stangstadius, qui n'était pas en toute occasion aussi vaillant qu'il le prétendait, et qui avait conçu de fortes préventions contre un inconnu si peu prosterné devant son mérite, lui attribua soudainement de mauvais desseins contre sa personne, et, retrouvant ses jambes, il se mit à fuir dans la direction du Stollborg. Cela ne faisait pas le compte de Christian, qui se mit à courir aussi, et qui l'eut bientôt rejoint.

— Misérable! s'écria d'une voix entrecoupée le savant, dont la terreur et la lassitude étaient au comble, tu viens m'assassiner, je le vois! Oui, tu es payé par mes envieux pour éteindre la lumière du monde. Laisse-moi, malheureuse brute, ne me touche pas! Songe sur qui tu vas porter la main!...

— Allons, allons, calmez-vous donc, monsieur Stangstadius, dit Christian en riant de sa frayeur, et connaissez mieux les gens qui veulent vous rendre service. Voyons, montez sur mon dos et dépêchons-nous, car je me suis mis en sueur à vous poursuivre, et je n'ai pas envie de me refroidir.

Stangstadius céda avec beaucoup de répugnance; mais il se rassura en voyant le robuste jeune homme l'enlever légèrement et le porter jusqu'au rivage. Là, Christian le déposa sur ses pieds et se remit en marche pour échapper à sa générosité; car, dans sa reconnaissance, le bon Stangstadius cherchait dans sa poche une petite pièce de monnaie de la valeur de deux sous, persuadé que c'était royalement payer un être qui avait eu le bonheur de lui rendre service.

IX

Christian le laissa se diriger vers la grande entrée du château et chercha la petite porte, celle qui, dans tous les manoirs seigneuriaux, conduit aux cours et bâtiments de service. S'étant *masqué*, il appela un domestique qui l'aida à déballer; puis il s'enquit d'un gîte pour son âne, et monta un escalier dérobé qui conduisait chez M. Johan, le majordome du château neuf. Celui-ci n'attendit pas qu'il se nommât.

— Ah! ah! l'homme au masque noir! s'écria-t-il d'un air paternel et protecteur. Vous êtes le fameux Christian Waldo! Venez, venez, je vais vous installer, mon cher; vous ferez vos préparatifs tranquillement. Vous avez encore une heure devant vous.

On aida Christian à porter son bagage dans la pièce qui devait lui servir de foyer, et dont on lui remit les clefs sur sa demande. Là, il s'enferma seul,

ôta son masque pour se mettre à l'aise, et commença
à monter son théâtre, non sans se frotter les épaules : M. Stangstadius n'était pas lourd, mais son
corps déformé était si singulièrement anguleux, qu'il
semblait à Christian avoir porté un fagot de bûches
tortues.

Le local où il se tenait était un petit salon dont
une porte donnait sur un couloir correspondant à
l'escalier dérobé. L'autre porte s'ouvrait au bout de
la grande et riche galerie, dite *des Chasses*, où Christian avait dansé la veille avec Marguerite. C'est devant cette porte que le théâtre devait être placé pour
être vu des spectateurs, placés eux-mêmes dans la
galerie. Christian, ayant mesuré l'ouverture de cette
porte à deux battants, vit que son théâtre tout monté
y passerait, et qu'il n'y avait qu'à l'y poser pour se
trouver complétement isolé du public et chez soi
dans le petit salon. C'était une excellente combi-
naison pour assurer la liberté de ses mouvements et l'*incognito* de M. Goefle autant que le sien
propre.

D'après le nombre de fauteuils et de chaises disposés en face du théâtre, Christian jugea, sans
compter, que le public devait se composer d'une
centaine de personnes commodément assises, les
dames probablement, et d'une centaine de cavaliers

plus ou moins debout derrière elles. La galerie, profonde et médiocrement large, était un local plus favorable qu'aucun de ceux où Christian avait *opéré*. La voûte, peinte à fresque, avait une sonorité exquise. Les lustres, déjà allumés, jetaient une vive lumière, et il n'était nécessaire que d'éclairer les coulisses du théâtre portatif pour donner aux différents plans de la petite scène la profondeur fictive qui devait les faire valoir.

Christian faisait toutes choses avec un grand soin. Il aimait son petit théâtre en artiste minutieux, et il l'avait établi dans des conditions ingénieuses, qui en faisaient la miniature d'un théâtre sérieux. Il eût réussi dans la peinture d'intérieur et de paysage, si l'amour des sciences ne l'eût forcé de s'arrêter aux arts de pur agrément ; mais, comme il était remarquablement doué, il n'entreprenait guère de travaux frivoles auxquels il ne sût donner un résultat gracieux et empreint de sa propre originalité. Sa petite scène était donc d'une charmante fraîcheur, et produisait toujours un effet agréable aux yeux. Il y mettait de la coquetterie, surtout quand il avait affaire à un public intelligent, et, si parfois il s'impatientait d'avoir à donner du temps à ces minuties, il s'en consolait en se rappelant l'axiome favori de Goffredi : « qu'il faut faire le mieux possible tout ce que l'on se donne la peine de faire, s'agît-il de tailler des cure-dents. »

Christian était donc absorbé par ses préparatifs. Après avoir jeté un coup d'œil de précaution dans la galerie déserte, il plaça provisoirement son châssis dans l'embrasure avec toute sa décoration et son éclairage, et, passant dans la partie destinée au public, il s'assit à la meilleure place, afin de juger l'effet de sa perspective et d'y conformer les entrées et les mouvements de ses personnages.

C'était un repos de deux ou trois minutes dont il avait d'ailleurs besoin. Un peu endurci aux rigueurs de tous les climats, il se fatiguait vite d'agir dans l'atmosphère étouffante des intérieurs du Nord. Il avait à peine dormi quelques heures sur un fauteuil la nuit précédente, et, soit les émotions de la journée, soit la course qu'il venait de faire sur la glace avec un professeur de géologie sur les épaules, il fut surpris par un de ces vertiges de sommeil instantané qui vous font passer de la réalité au rêve sans transition appréciable. Il lui sembla qu'il était dans un jardin par une chaude journée d'été, et qu'il entendait crier le sable sous un pied furtif. Quelqu'un approchait de lui avec précaution, et ce quelqu'un, qu'il ne voyait pas, il avait la certitude intuitive que c'était Marguerite. Aussi son réveil se fit-il sans tressaillement lorsqu'il sentit comme un souffle effleurer sa chevelure; mais, bientôt, revenu à lui-même, il se leva brusquement en portant la main à son visage et en s'apercevant que son masque était tombé à ses pieds. Comme il se baissait pour le ramasser sans se détourner vers la personne qui l'avait réveillé, il tressaillit tout de bon en entendant une voix d'homme bien connue lui dire :

— Il est fort inutile de te cacher le visage, Christian Waldo; je t'ai reconnu, tu es Cristiano Goffredi !

Christian, stupéfait, se retourna, et vit debout derrière lui un personnage bien mis, propre et rasé de frais, qui n'était autre que Guido Massarelli.

—Quoi ! c'est vous ! s'écria Christian. Que faites-vous ici, quand votre place serait au bout d'une corde au carrefour d'un bois?

— Je suis de la maison, répondit Guido avec un sourire tranquille et dédaigneux.

— Vous êtes de la maison du baron? Ah ! oui; cela ne m'étonne pas... Après avoir été escroc et voleur de grands chemins, il ne vous restait plus qu'à vous faire laquais !

— Je ne suis pas laquais, reprit Massarelli avec la même tranquillité; je suis ami de la maison, très-ami, Christian ! et tu ferais bien de tâcher d'être aussi le mien; c'est ce qui pourrait t'arriver maintenant de plus heureux.

— Maître Guido, dit Christian en prenant son théâtre pour le replacer dans le salon d'attente, il n'est pas nécessaire de nous expliquer ici; mais, puisque vous y demeurez, je suis content de savoir où vous retrouver.

— Est-ce une menace, Christian?

— Non, c'est une promesse. Je suis votre débiteur, cher ami, vous le savez, et, quand j'aurai payé ma dette ici, qui est de donner une représentation de marionnettes dans une heure, j'aurai affaire à vous pour vous solder la plus belle volée de coups de bâton que vous ayez reçue de votre vie.

Christian, en parlant ainsi, était rentré dans son foyer; il y était occupé à éteindre ses bougies et à baisser sa toile. Massarelli l'avait suivi en refermant les portes de la galerie derrière lui. Comme, en ce moment, Christian était encore forcé de lui tourner le dos, il se dit bien que ce bandit était capable de profiter du tête-à-tête pour essayer de l'assassiner; mais il le méprisait trop pour lui laisser voir sa méfiance, et il continua à lui promettre, sur un ton aussi tranquille que celui affecté par ce misérable, un sévère châtiment de ses méfaits. Heureusement pour l'imprudent Christian, Guido n'était pas brave, et il se tint à distance, prêt à fuir si son adversaire faisait mine de lui donner un à-compte sur le payement promis.

— Voyons, Christian, reprit-il quand il pensa que le jeune homme avait exhalé son premier ressentiment, parlons froidement avant d'en venir aux extrémités. Je suis prêt à te rendre raison de mes procédés envers toi ; tu n'as donc pas bonne grâce à outrager en vaines paroles un homme que tu sais bien ne pouvoir effrayer.

— Tu me fais pitié ! répondit Christian irrité, en allant droit à lui. Te demander raison à toi, le lâche des lâches? Non, Guido, on soufflette un homme de ton espèce ; après quoi, s'il regimbe, on le roue de coups comme un chien ; mais on ne se bat pas avec lui, entends-tu? Baisse le ton, baisse les yeux, canaille ! A genoux devant moi, ou, dès à présent, je te frappe !

Guido, devenu pâle comme la mort, se laissa tomber à genoux, sans rien dire ; de grosses larmes de peur, de honte ou de rage coulaient sur ses joues.

— C'est bon, lui dit Christian, partagé entre le dégoût et la pitié ; à présent, lève-toi et va-t'en : je te fais grâce ; mais ne te retrouve jamais sur mon chemin et ne m'adresse jamais la parole, en quelque lieu que je te rencontre. Tu es mort pour moi. Sors d'ici, valet! cette chambre est à moi pour deux ou trois heures.

— Christian, s'écria Guido en se relevant avec une véhémence affectée ou sincère, écoute-moi seulement cinq minutes!

— Non.

— Christian, écoute-moi, reprit le bandit en se jetant contre la porte de l'escalier que Christian voulait lui faire franchir, j'ai quelque chose de grave à te dire, quelque chose d'où dépendent ta fortune et ta vie!

— Ma fortune, dit Christian en riant avec mépris, elle a passé dans ta poche, voleur! Mais c'était si peu de chose, que je ne m'en soucie guère à présent; quant à ma vie, essaye donc de la prendre!

— Elle a été dans mes mains, Christian, reprit Guido, qui, assuré de la générosité de son ennemi, avait recouvré son aplomb : elle peut s'y trouver une seconde fois. J'avais été outragé par toi, et la vengeance me sollicitait vivement; mais je n'ai pu oublier que je t'avais aimé, et, maintenant encore, malgré tes nouveaux outrages, il ne tient qu'à toi que je ne t'aime comme par le passé!

— Grand merci, répliqua Christian en levant les

épaules. Allons! je n'ai pas le temps d'écouter tes hâbleries pathétiques; il y a longtemps que je les connais.

— Je ne suis pas si coupable que tu crois, Christian; quand je t'ai dépouillé dans la montagne des Karpathes, je n'étais plus le maître d'agir autrement.

— C'est ce que disent tous ceux qui sont voués au diable.

— J'étais voué au diable, en effet; j'étais chef de brigands! Mes complices t'avaient signalé; ils avaient les yeux sur nous : si je n'eusse pris soin de t'enivrer pour t'empêcher de faire une folle résistance, il t'eussent assassiné.

— Ainsi je te dois des remercîments, c'est là ta conclusion?

— Ma conclusion, la voici. Je suis sur le chemin de la fortune; demain, je serai déjà en position de te restituer ce que j'ai été forcé de te laisser prendre par des hommes que je ne gouvernais pas à mon gré, et qui, peu de jours après, m'ont dépouillé moi-même et abandonné dans la situation où ils t'avaient laissé.

— C'est fort bien fait; tu l'avais mérité, toi.

— Te rappelles-tu, Christian, la somme qui t'a été soustraite?

— Parfaitement.

— Et seras-tu encore au Stollborg demain?

— Je n'en sais rien. Cela ne te regarde pas.

— Si fait! demain, je veux te porter cette somme.

— Épargne-toi cette peine. Je suis *chez moi* au Stollborg, et *je ne reçois pas.*

— Pourtant...

— Tais-toi! j'ai assez de t'entendre.

— Mais, si je te porte l'argent...?

— Est-ce le même que tu as pris sur moi? Non, n'est-ce pas? Il y a longtemps que tu l'as bu? Eh bien, comme ce ne peut être le même, et que celui que tu m'offres ne peut provenir que d'un vol ou de quelque chose de pis, s'il est possible, je n'en veux pas. Tiens-toi le pour dit et dispense-toi de tes forfanteries de restitution. Je ne suis pas assez sot pour y croire, et, quand j'y croirais, je n'en serais pas moins décidé à te jeter à la face le prix de tes sales exploits.

Christian fit le geste de pousser dehors Guido, qui obéit enfin et sortit. L'*operante* allait s'enfermer, quand M. Goefle, tout emmitouflé de fourrures, lui apparut dans l'escalier, le manuscrit à la main. L'avocat avait mangé vite ou point; il avait dévoré la pièce, il s'en était pénétré rapidement, et, craignant de n'avoir pas le temps nécessaire pour se préparer, il était venu à pied, à la clarté des étoiles, cachant sa figure et déguisant sa voix pour demander la chambre aux marionnettes, enfin prenant toutes les précautions d'un jeune aventurier allant à quelque mystérieux rendez-vous d'amour. En ce moment, il n'avait en tête que les *burattini*, et il ne songeait pas plus aux mystères du Stollborg que s'il ne s'en fût jamais tourmenté l'esprit; mais, comme il montait légèrement l'escalier, il se trouva, pour la seconde fois de la soirée, forcé de passer tout près d'un personnage de mauvaise mine qui descendait, et cette rencontre le rejeta dans ses préoccupations par rapport au baron Olaüs, à Stenson et à la défunte Hilda.

— Attendez, dit-il à Christian, qui le félicitait gaiement de son zèle. Regardez cet homme qui s'en va là-bas dans le corridor après s'être croisé avec moi dans l'escalier. Sort-il d'ici? Est-ce un valet du baron? Le connaissez-vous?

— Je ne le connais que trop, et je viens d'être forcé de lui dire son fait, répondit Christian. Cet homme, valet ou non, est Guido Massarelli, dont je vous ai raconté ce matin les aventures avec les miennes.

— Oh! oh! voilà une étrange rencontre! s'écria M. Goefle. Fâcheuse pour vous, peut-être! Il vous en veut, n'est-ce pas? Et, si vous l'avez traité comme il le mérite, il vous fera ici tout le mal possible.

— Quel mal peut-il me faire? Il est si lâche! Je l'ai fait mettre à genoux.

— En ce cas... je ne sais ce qu'il fera, je ne sais quel secret il a surpris...

— Un secret par rapport à moi?

— Non, dit M. Goefle, qui allait parler, et qui se rappela la résolution prise par lui de ne rien dire relativement à Stenson; mais enfin vous cachez Cristiano Goffredi sous le masque de Christian Waldo, et il vous trahira...

— Que m'importe? Je n'ai pas souillé le nom de Goffredi. Un jour viendra, je l'espère, où mes singulières aventures prouveront en ma faveur. Voyons, qu'ai-je à craindre de l'opinion, moi? Suis-je un paresseux et un débauché? Je me moque de tous les Massarelli du monde. Ne me suis-je pas fait déjà, en Suède et ailleurs, sous mon masque de bouffon, une réputation chevaleresque? On me prête plus de belles actions que je n'ai eu occasion d'en faire, et je suis un personnage de légende. N'étais-je pas, cette nuit, le prince royal de Suède? Si ma renommée devient par trop fantastique, n'ai-je pas le changement de nom toujours à mon service le jour où j'aurai enfin l'occasion de vivre en homme sérieux. L'important ici, et je dis cela uniquement à cause de vous, monsieur Goefle, c'est que l'homme du bal de cette nuit, votre prétendu neveu, ne soit pas reconnu sous le masque de Waldo. Or, Massarelli n'était pas ici la nuit dernière, j'en suis certain, et il ne sait rien de mon aventure. Il s'en fût vanté à moi. Dans tous les cas, d'ailleurs, vous n'aurez qu'à répéter et à affirmer encore la vérité, à savoir que vous n'avez jamais eu ni neveu ni fils naturel, et que vous n'êtes, en aucune façon, responsable des tours que le farceur Christian Waldo s'amuse à jouer dans le monde.

— Quant à moi, après tout, je m'en moque! reprit M. Goefle en se débarrassant de sa perruque et en couvrant sa nuque d'un léger bonnet noir que lui présentait Christian. Me croyez-vous si poltron que je me soucie du croquemitaine de ce château? Tenez, Christian, je vais débuter comme montreur de marionnettes, *operante,* ainsi que vous dites. Eh bien, si jamais on vous reproche d'avoir fait le saltimbanque pour vivre au profit de la science, vous pourrez dire : « J'ai connu un homme qui exerçait avec honneur une profession grave... et qui m'a servi de compère pour son plaisir. »

— Ou plutôt par bonté pour moi, monsieur Goefle!

— Par amitié, si vous voulez : vous me plaisez; mais je mentirais si je disais que ce que nous faisons là m'ennuie. Au contraire, il me semble que cela va me divertir énormément. D'abord, la pièce est charmante, comique au possible et attendrissante par moments. Vous avez bien fait de l'arranger de manière à éviter toute allusion. Allons, Christian, il faut répéter; nous n'avons plus qu'une demi-heure. Dépêchons-nous. Sommes-nous bien enfermés ici? Personne ne peut-il nous voir ni nous entendre?

Christian dut empêcher M. Goefle de fatiguer sa voix et de dépenser sa verve à la répétition. Les scènes étant indiquées en quelques mots sur la pancarte; il suffisait d'échanger deux ou trois répliques pour tenir le fond de la situation sur laquelle on improviserait devant le public. Il s'agissait de bien placer les acteurs dans l'ordre voulu, sur la planchette de débarras, pour les reprendre sans se tromper lorsqu'on aurait à les faire paraître, de les présenter alternativement sur la scène en convenant du motif de leurs entrées et de leurs sorties comme de la substance de leur entretien, et de laisser le dialogue et les incidents à l'inspiration du moment. M. Goefle était le plus charmant et le plus intelligent compère que Christian eût jamais rencontré; aussi fut-il électrisé par son concours, et, quand il entendit sonner huit heures, il se sentit dans une disposition de verve et de gaieté qu'il n'avait pas éprouvée depuis le temps où il jouait avec Massarelli, alors si aimable et si séduisant. Ce souvenir gâté et flétri lui causa un moment de mélancolie qu'il secoua vite en disant à M. Goefle :

— Allons! j'entends la galerie se remplir de monde; à l'œuvre, et bonne chance, cher confrère!

En ce moment, on frappa à la porte du fond, et on entendit la voix de Johan, le majordome, demander maître Christian Waldo.

— Pardon, monsieur, on n'entre pas, s'écria Christian. Dites ce que vous avez à dire à travers la porte. J'écoute.

Johan répondit que Christian eût à se tenir prêt lorsqu'il entendrait frapper trois coups à la porte de la galerie, laquelle s'ouvrirait pour donner passage à son théâtre.

Ceci convenu, il s'écoula bien encore un bon quart d'heure avant que les dames eussent trouvé chacune la place qui lui convenait pour étaler ses paniers et ses grâces et pour se trouver dans le voisinage du cavalier qui lui était agréable ou en vue de ceux à qui elle voulait le paraître. Christian, habitué à ces façons, arrangeait tranquillement sur une table les rafraîchissements qu'il avait trouvés dans le petit salon, et qui devaient, au besoin, éclaircir la voix de son compère et la sienne dans l'entr'acte. Puis il s'installa avec M. Goefle sous le châssis fermé de tapisseries bien assujetties au moyen de crochets au dedans, sur la face et sur les côtés. Le fond était libre et assez reculé dans la petite charpente pour permettre une perspective de plusieurs plans réels.

Les deux *operanti* attendaient les trois coups, Christian avec calme, M. Goefle avec une impatience fiévreuse qu'il exprimait assez vertement.

— Vous vous dépitez? lui dit Christian. Allons, c'est que vous êtes ému, et c'est bon signe; vous allez être étincelant.

— Espérons-le, répondit l'avocat, quoiqu'à vrai dire, il me semble en ce moment que je vais ne pas trouver un mot et rester court. C'est fort plaisant, cela, j'en ai le vertige! Jamais plaidoyer devant une assemblée sérieuse, jamais question de vie ou d'honneur pour un client, de succès pour moi-même, ne m'a autant agité le cerveau et tendu les nerfs que la farce que je vais jouer ici. Ces bavardes de femmes que l'on entend caqueter à travers les portes ne finiront-elles pas par se taire? Veut-on nous faire étouffer dans cette baraque? Je vais leur dire des injures, si cela continue!

Enfin les trois coups furent frappés. Deux laquais

placés dans la galerie ouvrirent simultanément les deux battants, et l'on vit le petit théâtre, qui semblait marcher de lui-même, s'avancer légèrement et se placer devant la porte, dont il occupait toute la largeur. Quatre instruments que Christian avait demandés jouèrent un court divertissement à l'italienne. La toile se leva, et les applaudissements accordés au décor donnèrent aux deux *operanti* le temps de prendre en main leurs marionnettes pour les faire entrer en scène.

Toutefois Christian ne voulut pas commencer sans regarder son public par un petit œil ménagé devant lui. La seule personne qu'il cherchait fut la première que son regard saisit. Marguerite était assise auprès d'Olga, au premier rang des spectateurs. Elle avait une parure délicieuse; elle était ravissante. Christian remarqua ensuite le baron, qui était au premier rang des hommes derrière les femmes. Sa haute taille le faisait apercevoir aisément. Il était plus pâle, s'il se peut, que la veille. Christian chercha en vain la figure de Massarelli. Il vit avec plaisir celles du major Larrson, du lieutenant Ervin et des autres jeunes officiers qui, au bal et après le bal de la veille, lui avaient témoigné une sympathie si cordiale, et dont les physionomies hautes en couleur, épanouies d'avance, annonçaient une bienveillante attention. En même temps, Christian entendit circuler l'éloge du décor.

— Mais c'est le Stollborg!... dirent plusieurs voix.

— En effet, dit la voix métallique du baron Olaüs, je crois qu'on a voulu représenter le vieux Stollborg!...

M. Goefle n'entendait rien et ne voyait personne; il était réellement troublé. Christian, pour lui donner le temps de se remettre, entama la pièce par une scène à deux acteurs qu'il joua tout seul. Sa voix se prêtait singulièrement aux différents organes des personnages qu'il faisait parler, et il imitait tous les accents, donnant à chaque caractère un langage en rapport avec son rôle et sa position dans la fiction scénique. Dès les premières répliques, il charma son auditoire par la naïveté et la vérité de son dialogue. M. Goefle, chargé de faire agir et parler un type de vieillard, vint bientôt le seconder, et, quoiqu'il ne sût pas d'abord bien déguiser son organe, on était si éloigné de penser à lui et on était si convaincu que Christian seul faisait parler tous les acteurs, que l'on s'émerveilla des ressources infinies de l'*operante*.

— Ne jurerait-on pas, disait Larrson, qu'ils sont là dedans une douzaine?

— Ils sont toujours au moins quatre, disait le lieutenant.

— Non, reprenait le major, ils sont deux, le maître et le valet; mais le valet est une brute qui parle rarement et qui n'a pas encore ouvert la bouche.

— Pourtant, écoutez, les voilà qui parlent ensemble. J'entends deux voix distinctes.

— Pure illusion! reprenait l'enthousiaste Larrson. C'est Christian Waldo tout seul qui sait faire deux, trois et quatre personnes à la fois, peut-être plus, qui sait? C'est un diable!... Mais écoutez donc la pièce; ce n'est pas le moins curieux. Il fait des pièces que l'on voudrait retenir par cœur pour les écrire.

Nous ne nous chargeons pourtant pas de raconter ladite pièce au lecteur. Ces boutades fugitives sont comme toutes les improvisations oratoires ou musicales. On se trompe toujours en croyant qu'elles auraient la même valeur si elles étaient transcrites et conservées. Elles n'existent que par l'imprévu, et on se les rappelle avec d'autant plus de charme, qu'on n'en a gardé réellement qu'un souvenir confus, et que l'imagination les embellit après coup. Il y avait de la verve, de la couleur et du goût dans tout ce qui venait à l'esprit de Christian dans ces moments-là. Les imperfections inséparables d'un débit exubérant disparaissaient dans la rapidité de l'ensemble, dans son habileté à faire intervenir de nouveaux personnages quand il se sentait prêt à se dégoûter de ceux qu'il tenait en main.

Quant à M. Goefle, une véritable éloquence naturelle, beaucoup d'esprit quand il se sentait excité, une instruction réelle très-étendue, lui rendaient bien facile le concours qu'il avait à donner. Les digressions les plus plaisantes résultèrent de sa promptitude à saisir au vol les fantaisies du dialogue de son interlocuteur, et l'on s'étonna plus encore que de coutume de la variété de connaissances que révélaient chez Waldo ces brillants écarts.

Si nous ne racontons pas la pièce, nous devons du moins dire de quelle façon Christian avait transformé ce premier acte, qui avait si singulièrement préoccupé M. Goefle.

Craignant de compromettre réellement l'avocat par des allusions involontaires, il avait fait du traître de sa pièce un personnage purement comique, une sorte de Cassandre trompé par sa pupille, cherchant à surprendre le corps du délit, l'*enfant du mystère*, mais n'ayant aucune pensée criminelle à son égard. Christian fut donc très-étonné lorsque, arrivé à la scène finale de cette première partie, il entendit comme un frémissement parcourir son auditoire, et que des chuchotements, qui pouvaient être interprétés comme des témoignages de blâme aussi bien que d'approbation, vinrent frapper son oreille, exercée à saisir le sentiment de ses spectateurs à travers ses propres paroles.

— Que se passe-t-il donc? se demanda-t-il rapidement en lui-même.

Et il regarda M. Goefle, qui avait la figure décomposée et qui frappait du pied d'impatience en agitant nerveusement sa marionnette sur la scène.

Christian, croyant qu'il oubliait le canevas, se hâta de lui couper la parole en faisant parler le batelier, et, pressant la conclusion, il baissa le rideau au milieu d'un bruit qui n'était ni celui des applaudissements ni celui des sifflets, mais qui ressemblait à celui de gens qui s'en vont en masse pour n'en pas entendre davantage. Christian regarda par son *œil* avant de faire reculer le théâtre dans la porte. Il vit tout le monde non encore dispersé, mais déjà debout, lui tournant le dos et se faisant part à demi-voix d'un événement quelconque. Christian ne put saisir que ces mots : *Sorti! il est sorti!* Et, cherchant des yeux de qui il pouvait être question, il vit que le baron n'était plus dans la salle.

— Allons, lui dit M. Goefle en le poussant du

coude, rentrons dans notre foyer. Que faisons-nous là? C'est l'entr'acte.

Le théâtre recula donc dans le salon, les portes furent fermées, et, tout en se mettant vite à préparer le décor de l'acte suivant, Christian demanda à M. Goefle s'il s'était aperçu de quelque chose.

— Parbleu! dit l'avocat tout hors de lui, j'en ai fait une belle, moi! Qu'en dites-vous?

— Vous? Vous avez été excellent, monsieur Goefle!

— J'ai été stupide, j'ai été fou! Mais comprenez-vous qu'un pareil accident arrive à un homme habitué à parler en public des choses les plus délicates dans les faits les plus embrouillés?

— Mais quel accident, au nom du ciel, monsieur Goefle?

— Comment! vous étiez donc sourd? vous n'avez pas entendu que j'ai eu trois *lapsus* effroyables?

— Bah! j'en ai peut-être eu cent, et cela m'arrive tous les jours; est-ce que l'on s'en aperçoit?

— Ah! oui-da! vous croyez qu'on ne s'en est pas aperçu! Je parie que le baron est sorti avant la fin?

— Il est sorti, en effet. A-t-il donc l'oreille si délicate qu'une liaison hasardée ou un mot impropre...?

— Eh! mille démons! il s'agit bien de cela! J'aurais mieux fait d'estropier la langue que de dire ce que j'ai dit! Imaginez-vous que, pendant que vous

vous baissiez pour faire passer le bateau sous les rochers, moi, qui faisais parler les sbires, j'ai dit trois fois *le baron* au lieu de dire don Sanche! Oui, je l'ai dit trois fois! Une première fois sans y prendre garde, la seconde en m'en apercevant et en voulant me reprendre, la troisième... oh! la troisième! cela est inouï, Christian, que l'on dise précisément un mot que l'on ne veut pas dire! Il y a là comme une fatalité, et me voilà prêt à croire, avec nos paysans, que les malins esprits se mêlent de nos affaires.

— Cela est fort curieux, en effet, dit Christian; mais il n'est personne à qui cela ne soit arrivé. De quoi diable vous tourmentez-vous là, monsieur Goefle? Le baron ne peut vous soupçonner de l'avoir fait exprès! D'ailleurs, n'y a-t-il que lui de baron dans ce monde? N'y en a-t-il pas en ce moment peut-être une douzaine dans notre public? Pensons au second acte, monsieur Goefle; le temps passe, et, d'un moment à l'autre, on peut nous dire de commencer.

— Si l'on ne vient pas nous dire d'en rester là... Tenez, on frappe.

— C'est encore le majordome. Rentrez sous le châssis, monsieur Goefle; je remets mon masque et j'ouvre. Il faut savoir ce qui se passe.

M. Goefle caché et Christian masqué, la porte fut ouverte à M. Johan.

— Qu'y a-t-il? lui dit Christian, pressé de venir au fait. Devons-nous continuer?

— Et pourquoi non, monsieur Waldo? dit le majordome.

— J'ai cru voir que M. le baron était indisposé.

— Oh! cela lui arrive bien souvent, de souffrir quand il reste en place; mais ce n'est rien. Il vient de me faire dire que vous ayez à reparaître, qu'il y soit ou non. Il tient à ce que vous divertissiez la compagnie... Mais quelle drôle d'idée avez-vous eue là, monsieur Christian, de représenter notre vieux Stollborg sur votre théâtre?

— J'ai cru être agréable à M. le baron, répondit effrontément Christian; en est-il autrement?

— M. le baron est enchanté de votre idée, et il n'a cessé de répéter : « C'est très-joli, très-joli! On croirait voir le vieux donjon! »

— A la bonne heure! dit Christian; alors nous continuons. Serviteur, monsieur le majordome! — Allons, monsieur Goefle, du courage! continua Christian dès que Johan fut sorti. Vous voyez que tout va bien, et nous n'avons fait que rêver toute la journée. Je parie que le baron est le meilleur des humains; vous allez voir qu'il se convertit, et que nous serons forcés de le canoniser!

A l'acte suivant, qui fut très-court et très-gai, le baron sembla s'amuser beaucoup. Don Sanche ne paraissait pas. La langue ne tourna plus à M. Goefle, et sa voix fut si bien déguisée, que personne ne se douta de sa présence. Dans l'entr'acte, il but plusieurs verres de porto pour soutenir son entrain, et il était un peu gris au troisième et dernier acte, qui eut encore plus de succès que les précédents.

Parallèlement à l'action burlesque où Stentarello divertissait le public, Christian avait fait marcher une action sentimentale avec d'autres personnages. Dans ce dernier acte, Alonzo, l'enfant du lac, découvrait que Rosita, la fille des braves gens qui l'avaient élevé et adopté, n'était pas sa sœur, et lui exprimait son amour. Cette situation, bien connue au théâtre, a toujours été délicate. On n'aime pas à voir le frère passer brusquement de l'amitié sainte à une passion qui, en dépit du changement de situation, prend un air d'inceste improvisé. Les personnages de la jeune fille et d'Alonzo étaient les seuls que Christian n'eût pas chargés. Il avait fait de ce dernier un bon jeune homme vivant et pensant comme lui-même. Ce caractère entreprenant et généreux fut sympathique aux auditeurs, et les femmes, oubliant qu'elles avaient une marionnette devant les yeux, furent charmées de cette voix douce qui leur parlait d'amour avec une suavité chaste et un accent de franchise bien différents des phrases maniérées des bergeries françaises de l'époque.

Christian avait beaucoup lu Marivaux, ce talent à deux faces, si minutieux d'esprit, mais si simple de cœur, si émouvant dans la passion. Il avait senti le côté vrai, le grand côté de ce charmant génie, et il excellait vraiment à faire parler l'amour. La scène sembla courte; plusieurs voix s'élevèrent pour crier : « Encore ! encore ! » et Christian, cédant au désir du public, reprit Alonzo, qui était déjà sorti de ses doigts, et il le fit rentrer en scène d'une manière ingénieuse et naturelle. « Vous m'avez rappelé ? » dit-il à la jeune amoureuse, et ce mot si simple eut un accent si craintif, si éperdu et si naïf, que Marguerite mit son éventail sur son visage pour cacher une rougeur brûlante.

C'est qu'il se passait un étrange phénomène dans le cœur de cette jeune fille. Elle seule reconnaissait dans la voix d'Alonzo celle de Christian Goefle. C'est peut-être parce qu'elle seule avait assez parlé avec lui pour se la rappeler vivement. Et pourtant Christian Waldo donnait à dessein à la voix de son jeune personnage un diapason plus clair que celui qui lui était naturel; mais il y avait de certaines inflexions et de certaines vibrations qui, à chaque instant, faisaient tressaillir Marguerite. A la scène d'amour, elle n'eut plus de doutes, et pourtant Christian Goefle ne lui avait pas dit un seul mot d'amour. Elle garda ses réflexions pour elle seule, et, lorsque Olga, qui était froide et railleuse, lui poussa le coude en lui demandant si elle pleurait, l'innocente enfant répondit avec une profonde hypocrisie qu'elle était fort enrhumée et qu'elle se retenait de tousser.

Quant à Olga, elle était bien autrement dissimulée : elle affectait, après la pièce, un grand mépris pour ce petit personnage d'*amoureux transi,* et pourtant le cœur lui avait battu violemment ; car, chez certaines Russes, la froideur des calculs n'exclut pas l'ardeur des passions. Olga s'était jetée avec résolution dans la convoitise cupide ; elle n'en éprouvait pas moins, en dépit d'elle-même, une secrète horreur pour le baron depuis qu'elle s'était fiancée avec lui. Lorsqu'il lui adressa la parole après la pièce, sa voix âpre et son regard glacé lui donnèrent le frisson, et elle se rappela, comme malgré elle, la douce voix et les vives paroles de Christian Waldo.

De son côté, le baron semblait de fort bonne humeur. Le fâcheux personnage de don Sanche, qui devait reparaître à la fin de la pièce, avait été prudemment supprimé par M. Goefle. Entre le premier et le second acte, cette modification avait été introduite de concert avec Christian. On avait imaginé de faire de Rosita la fille de ce personnage, qui était mort dans l'entr'acte. On découvrait qu'elle était héritière d'une grande fortune laissée par lui, et, pour réparer la spoliation dont Alonzo avait été victime, elle l'épousait au dénoûment. Des aventures, des quiproquos, des incidents romanesques et des personnages comiques, Stentarello surtout, avec l'ingénuité de son égoïsme et de sa couardise, soutenaient la trame fragile de cette légère donnée, qui eut généralement un succès enthousiaste, en dépit de M. Stangstadius, qui n'écouta rien et blâma tout, ne pouvant souffrir que l'on s'intéressât à une œuvre frivole où il n'était pas question de science.

Cependant M. Goefle s'était jeté sur un fauteuil dans le foyer, où il s'était renfermé avec Christian, et, tandis que celui-ci, toujours actif et soigneux, démontait, rangeait et pliait toutes les pièces et engins de son théâtre, de manière à enfermer tout le personnel dans une boîte et à faire de l'édifice un seul ballot assez lourd, mais assez facile à porter, l'avocat, s'essuyant le front et fêtant par distraction le vin d'Espagne, s'abandonnait à ce bien-être particulier auquel il aimait à se livrer lorsqu'il déposait la robe et le bonnet pour rentrer, comme il disait, dans le sein de la vie privée.

Ce charmant caractère d'homme avait eu peu de

mécomptes dans sa vie publique et peu de contrariétés dans son intérieur. Ce qui lui avait manqué, depuis qu'il avait les jouissances d'ordre et de sécurité de l'âge mûr, c'était l'imprévu, qu'il prétendait, qu'il croyait peut-être haïr, mais dont il éprouvait le besoin, en raison d'une imagination vive et d'une grande flexibilité de talent. Il se sentait donc en ce moment tout ragaillardi, sans bien savoir pourquoi, et il regrettait que la pièce fût finie, car, bien que fatigué et baigné de sueur, il trouvait dans son cerveau dix actes nouveaux à jouer encore.

— Ah çà! dit-il à Christian, je me repose, et vous voilà rangeant, travaillant... Ne puis-je vous aider?

— Non, non, monsieur Goefle; vous ne sauriez pas. Voyez, d'ailleurs, cela est fait. Avez-vous trop chaud maintenant pour songer à vous remettre en marche pour le Stollborg?

— Pour le Stollborg? Est-ce que nous allons tristement nous coucher, excités comme nous le sommes?

— Quant à cela, monsieur Goefle, vous êtes bien le maître de sortir de ce château par la porte dérobée, d'y rentrer par la cour d'honneur, et d'aller prendre votre part du souper qui sonne et des divertissements qui se préparent probablement pour le reste de la soirée. Pour moi, mon rôle est terminé maintenant, et, puisque vous avez renié votre généreux sang, puisque je ne peux reparaître à vos côtés sous le nom de Christian Goefle, il faut que j'aille manger n'importe quoi et étudier un peu de minéralogie jusqu'à ce que le sommeil me prenne.

— Au fait, mon pauvre enfant, vous devez être fatigué !

— Je l'étais un peu avant de commencer la pièce ; à présent, je suis comme vous, je suis excité, monsieur Goefle. En fait d'improvisation, on est toujours très-monté quand le moment vient de finir, et c'est quand la toile baisse sur un dénoûment qu'il faudrait pouvoir commencer. C'est alors qu'on aurait du feu, de l'âme et de l'esprit !

— C'est vrai ; aussi ne vous quitterai-je pas : vous vous ennuieriez seul. Je connais cette émotion, c'est comme lorsqu'on vient de plaider ; mais ceci est plus excitant encore, et à présent je voudrais faire je ne sais quoi, réciter une tragédie, composer un poëme, mettre le feu à la maison ou me griser, pour en finir avec ce besoin de faire quelque chose d'extraordinaire.

— Prenez-y garde, monsieur Goefle, dit Christian en riant, cela pourrait bien vous arriver !

— A moi? Jamais ! jamais ! Hélas ! je suis d'une sobriété stupide.

— Pourtant la bouteille est à moitié vide, voyez!

— Une demi-bouteille de porto à deux, ce n'est pas scandaleux, j'espère?

— Pardon! je n'y ai pas touché, moi : je n'ai bu que de la limonade.

— En ce cas, dit M. Goefle en repoussant le verre qu'il venait de remplir, loin de moi cette perfide boisson! Se griser seul est la plus triste chose du monde. Voulez-vous venir au Stollborg essayer de vous griser avec moi? Ou bien... tenez... j'ai ouï dire ce matin, ici, que l'on ferait une course de torches sur le lac, si le temps ne se remettait pas à la neige. Or, le temps était magnifique ce soir, quand je suis venu. Mettons-nous de la partie. Vous savez que l'on se déguise, si l'on veut, durant les fêtes de Noël, et... ma foi, oui, je me souviens maintenant que la comtesse Elvéda, ce matin, a parlé d'une mascarade.

— Bonne idée! dit Christian; je serai là dans mon élément, moi, l'homme au masque!... Mais où prendrons-nous des costumes? J'en ai bien là une centaine dans ma boîte, mais il nous est aussi impossible à l'un qu'à l'autre de nous réduire à la taille de nos marionnettes?

— Bah! nous trouverons peut-être quelque chose au Stollborg. Qui sait?

— Ce ne sera pas dans ma garde-robe, à coup sûr.

— Eh bien, peut-être dans la mienne! Quand on n'a rien de mieux, on met son habit à l'envers. Voyons! avec de l'imagination...

— Partez donc, monsieur Goefle, je vous suis; j'ai mon âne à recharger et mon argent à recevoir. Prenez ce masque, j'en ai un second; il y a peut-être des curieux sur l'escalier.

— Ou des curieuses... à cause de vous. Dépêchez-vous, Christian; je pars en avant.

Et M. Goefle, leste et léger comme à vingt ans, s'élança dans l'escalier, bousculant les valets et même quelques dames bien enveloppées qui s'étaient glissées là furtivement pour tâcher d'apercevoir au passage le fameux Christian Waldo. Aussi Christian ne fit-il aucun effet et ne rencontra-t-il presque personne lorsqu'il descendit, l'instant d'après, portant sa caisse et son grand ballot.

— Celui-ci, disait-on, est le valet, puisqu'il porte les fardeaux. Il paraît qu'il se masque aussi, le fat!

Et l'on se désolait de n'avoir pu apercevoir le moindre trait, de n'avoir pu se faire la moindre idée de la tournure du véritable Waldo, disparu avec la rapidité de l'éclair.

Christian terminait son emballage, lorsqu'il remarqua que maître Johan essayait de le prendre au dépourvu et de satisfaire sa curiosité personnelle, en cherchant à s'introduire brusquement dans le foyer, sous prétexte de lui payer le salaire de son divertissement. Il résolut de s'amuser aux dépens de cet insinuant personnage, et, s'étant masqué avec soin, il lui ouvrit la porte avec beaucoup de politesse.

— C'est bien à maître Christian Waldo que j'ai le plaisir de parler? dit le majordome en lui remettant la somme convenue.

— A lui-même, répondit Christian; ne reconnaissez-vous pas ma voix et mon habit de tantôt?

— Certainement, mon cher; mais votre valet se masque aussi, à ce qu'il paraît; car je viens de le voir passer aussi mystérieux que vous-même et mieux couvert, ma foi, que je ne l'avais vu hier à votre arrivée.

— C'est que le drôle, au lieu de porter ma pelisse sur son bras, se permet de l'endosser. Je le laisse faire, c'est un grand frileux.

— Et voilà ce qui m'étonne; hier, il m'avait semblé voir en lui un frileux plus petit que vous de la tête.

— Ah! voilà ce qui vous étonne?... dit Christian appelant à son secours les ressources de l'improvisation. Vous n'avez donc pas fait attention à sa chaussure aujourd'hui?

— Vraiment non ! Est-il monté sur des échasses?

— Pas tout à fait, mais sur des patins de quatre ou cinq pouces de haut.

— Et pourquoi cela?

— Quoi ! monsieur le majordome, un homme d'esprit comme vous me fait une pareille question?

— J'avoue que je ne comprends pas, répondit Johan en se mordant les lèvres.

— Eh bien, monsieur le majordome, sachez que, si les deux *operanti* d'un théâtre comme celui-ci ne sont pas de taille à peu près égale, l'un des deux est forcé de laisser apercevoir sa tête, qui, certes, ne fait pas bon effet au niveau des *burattini*, et ressemblerait sur cette petite scène à celle d'un habitant de Saturne; ou bien l'autre, le plus petit, est forcé d'élever ses bras d'une manière si fatigante, qu'il ne pourrait continuer pendant deux scènes.

— Alors votre valet met des patins pour se trouver à votre hauteur? Ingénieux ! très-ingénieux, ma foi!

Et Johan ajouta d'un air de doute :

— C'est singulier que je n'aie pas entendu le bruit de ces patins tout à l'heure, pendant qu'il descendait l'escalier.

— Voilà encore, monsieur le majordome, où vous laissez sommeiller votre sagacité naturelle. Si ces patins n'étaient garnis de feutre, ils feraient dans la baraque un bruit insupportable.

— Vous m'en direz tant!... Mais vous ne me ferez pas comprendre comment ce garçon, d'un esprit si vulgaire, a été si brillant pour vous seconder.

— Ah! voilà, répondit Christian : c'est l'histoire de l'artiste en général. Il brille sur les planches (ici, ce serait le cas de dire sous les planches), et, quand il en sort, il retombe dans la nuit, surtout quand il a la malheureuse habitude de boire avec les laquais de bonne maison.

— Comment! vous croyez qu'il a bu ici avec...?

— Avec vos laquais, qui vous ont rendu compte de son intéressante conversation, monsieur le majordome, puisque vous avez ces renseignements fidèles sur l'épaisseur de son intelligence...

Johan se mordit encore les lèvres, et Christian fut dès lors convaincu que son incognito devait avoir été trahi jusqu'à un certain point par Puffo, le verre en main, ou tout à fait par Massarelli, l'argent en poche. Puffo ne connaissait Christian que sous le nom de Dulac; Massarelli le connaissait désormais sous tous ses noms successifs, excepté pourtant peut-être sous le nom récemment improvisé de Christian

Goefle. Christian cherchait à s'assurer de ce dernier fait, en étudiant l'âpre curiosité que laissait percer le majordome de voir sa figure, et il comprit bientôt que ce n'était pas tant pour le plaisir de savoir s'il avait ou non une tête de mort que pour l'intérêt de reconnaître dans cette figure de bateleur celle du faux neveu de M. Goefle, laquelle avait été, la veille, très-bien vue dudit majordome.

— Enfin, dit celui-ci après beaucoup de questions insidieuses contre lesquelles l'aventurier se tint en garde, si une aimable dame... une jeune personne charmante, la comtesse Marguerite, par exemple, vous demandait de voir vos traits... vous seriez assez obstiné pour refuser...?

— Qu'est-ce que la comtesse Marguerite? dit Christian d'un ton ingénu, bien qu'il eût envie de souffleter maître Johan.

— Mon Dieu! reprit le majordome, je dis la comtesse Marguerite, parce qu'elle est, à coup sûr, la plus jolie femme qu'il y ait à cette heure au château. Ne l'avez-vous pas remarquée?

— Et où donc l'aurais-je vue, je vous prie?

— Au premier rang de vos spectatrices.

— Oh! si vous croyez que, quand je joue, à moi

presque seul, une pièce à vingt personnages, j'ai le temps de regarder les dames...

— Je ne dis pas, mais enfin vous ne seriez pas influencé par le désir de plaire à une jolie personne?

— Plaire?... Monsieur Johan! s'écria Christian avec une vivacité très-bien jouée, vous me dites là, sans vous en douter, une chose fort cruelle. Vous ignorez apparemment que la nature m'a gratifié d'une laideur effroyable, et que c'est là l'unique cause du soin que je prends de me cacher!

— On le dit, répliqua Johan; mais on dit aussi le contraire, et M. le baron, ainsi que toutes les personnes, surtout les dames, ici rassemblées, a une grande envie de savoir à quoi s'en tenir.

— C'est une envie désobligeante à laquelle je ne me prêterai certainement pas, et, pour les en dégoûter, j'en veux appeler à votre témoignage.

En parlant ainsi, Christian, qui avait eu soin de ne laisser qu'une bougie allumée dans l'appartement, releva son masque de soie noire et montra précipitamment, et comme avec une sorte de désespoir, au majordome un second masque de toile enduit de cire, si parfaitement exécuté, qu'à moins d'une grande clarté et d'un examen minutieux, il était impossible de ne pas le prendre pour une figure humaine, camuse, blême et horriblement maculée par une tache énorme couleur de vin. Johan, malgré son esprit soupçonneux, y fut pris et ne put retenir une exclamation de dégoût.

— Pardon, pardon, mon cher ami, dit-il en se reprenant, vous êtes à plaindre, et pourtant votre talent et votre esprit sont des avantages que je vous envie !

Le majordome était lui-même si laid, que Christian eut envie de rire de ce qu'il semblait se supposer beaucoup plus beau que ce masque.

— A présent, reprit-il après avoir rabaissé le masque noir, dites-moi tout bonnement pourquoi vous étiez si curieux de savoir à quel point je suis laid.

— Mon Dieu, reprit Johan après un moment d'hésitation en jouant le bonhomme, je vais vous le dire... Et même, si vous voulez m'aider à découvrir un secret, une puérilité, qui intrigue ici plus d'une personne, vous acquerrez des droits à la reconnaissance... vous m'entendez bien, à la munificence du maître de céans : il s'agit d'une plaisanterie, d'un pari...

— Je ne demande pas mieux, répondit Christian, curieux d'entendre la confidence qu'il pressentait déjà ; de quoi s'agit-il ?

— Vous êtes descendu au Stollborg?

— Oui; vous avez refusé de m'admettre ici.

— Vous avez dormi... dans la chambre de l'ourse?

— Parfaitement.

— Parfaitement, n'est-ce pas? Le prétendu fantôme...

— Ce n'est pas sur le compte du fantôme que vous voulez m'interroger? Vous n'y croyez pas plus que moi?

— Comme vous dites; mais il est un autre fantôme qui a fait apparition hier dans le bal, et que personne ne connaît. Vous devez l'avoir vu au Stollborg?

— Non; je n'ai vu aucun fantôme.

— Quand je dis un fantôme... Vous avez vu là un avocat qui s'appelle M. Goefle, un homme de grand mérite?

— Oui, j'ai eu l'honneur de lui parler ce matin. Il occupe la chambre à deux lits.

— Ainsi que son neveu.

— Je ne lui ai pas vu de neveu?

— Neveu ou non, un jeune homme de votre taille, dont la voix ne m'a pas frappé particulièrement, mais dont la figure était fort agréable, tout habillé de noir, un garçon de bonne mine enfin...

— De bonne mine? Plût au ciel que ce fût moi, monsieur Johan! J'avais une si belle envie de dormir, que je ne saurais vous dire s'il était au Stollborg. Je n'ai vu là qu'un ivrogne appelé Ulphilas.

— Et M. Goefle ne l'a pas vu, cet étranger?

— Je ne le pense pas.

— Il ne le connaît pas?

— Ah! vous me rappelez... Oui, oui, je sais ce que vous voulez dire : j'ai entendu M. Goefle se plaindre d'un individu qui aurait usurpé son nom pour se présenter au bal. Est-ce cela?

— Parfaitement.

— Mais alors comment se fait-il, monsieur le majordome, qu'étant intrigué par cet inconnu, vous ne l'ayez pas fait suivre?

— Nous n'étions nullement intrigués; il s'était donné pour un proche parent de l'avocat : on comptait nécessairement le voir reparaître. C'est ce matin, lorsque l'avocat l'a désavoué, que M. le baron s'est demandé comment un inconnu avait osé, sous un nom d'emprunt, s'introduire dans la fête. C'est sans doute une gageure impertinente, quelque étudiant de l'École des mines de Falun... à moins que ce ne soit, comme il paraît l'avoir donné à entendre, un fils naturel que l'avocat n'autorise pas à porter son nom.

— Tout cela ne me paraît pas valoir la peine de tant chercher, répondit Christian d'un ton d'indifférence ; m'est-il permis à présent d'aller souper, monsieur le majordome ?

— Oui, certes; vous allez souper avec moi.

— Non, je vous remercie; je suis très-fatigué, et je me retire.

— Toujours au Stollborg? Vous y êtes bien mal !

— J'y suis fort bien.

— Avez-vous un lit, au moins?

— J'en aurai un cette nuit.

— Cet ivrogne d'Ulphilas vous fait-il manger convenablement?

— On ne peut mieux.

— Vous êtes en mesure pour demain?

— A quelle heure?

— Comme aujourd'hui.

— C'est fort bien. Je suis votre serviteur.

— Ah! encore un mot, monsieur Waldo : est-ce une indiscrétion de vous demander votre véritable nom?

— Nullement, monsieur Johan; mon véritable nom est Stentarello, pour vous servir.

— Mauvais plaisant! C'est donc vous qui faites toujours parler ce personnage de comédie?

— Toujours, quand ce n'est pas mon valet.

— Vous êtes mystérieux !

— Oui, quand il s'agit du secret de mes coulisses; sans cela, point de prestige et point de succès.

— Peut-on, au moins, vous demander pourquoi un de vos personnages s'appelait le baron?

— Ah! cela, demandez-le aux laquais qui ont fait boire Puffo; quant à moi, habitué à ses bévues, je n'y eusse pas fait attention, s'il ne s'en fût confessé avec effroi.

— Aurait-il recueilli quelque sot commérage?

— Relativement à quoi? Expliquez-vous?...

— Non, non, ça n'en vaut pas la peine, répondit Johan, qui voyait, grâce à l'adresse ou à l'insouciance de son interlocuteur, leur attitude respective transposée, en ce sens que, au lieu de questionner, le majordome se trouvait questionné lui-même.

Cependant il revint sur une question déjà faite :

— Vous aviez donc, dit-il, un décor qui ressemblait au Stollborg à s'y méprendre?

— Qui ressemblait un peu au Stollborg, oui, par hasard, et c'est à dessein que je l'ai fait ressembler tout à fait.

— Pourquoi cela?

— Ne vous l'ai-je pas dit? Pour être agréable à

M. le baron. C'est une délicatesse de ma part de chercher toujours à représenter un site de la localité où j'exerce mon industrie passagère. A ma prochaine étape, ce Stollborg sera changé et le décor représentera autre chose. Est-ce que M. le baron a trouvé ma toile de fond mauvaise ? Que voulez-vous ! j'ai eu si peu de temps !

En parlant ainsi, Christian s'amusait à observer la désagréable figure de Johan. C'était un homme d'une cinquantaine d'années, assez gros, d'un type vulgaire et d'une physionomie bienveillante et apathique au premier abord; mais, dès la veille, Christian, en lui remettant la lettre d'invitation trouvée dans la poche de M. Goefle, avait surpris dans son coup d'œil oblique une activité inquisitoriale dissimulée par une nonchalance d'emprunt. Maintenant, il était encore plus frappé de ces indices d'un caractère affecté, qui semblait être une copie chargée de celui du baron, son maître. Néanmoins, comme, au bout du compte, Johan n'était qu'un premier laquais sans éducation et sans art véritable, Christian n'eut pas la moindre peine à jouer la comédie infiniment mieux que lui, et à le laisser persuadé de l'innocence de ses intentions. En même temps, Christian acquérait une quasi-certitude à propos de l'histoire de la baronne Hilda. Il devenait évident pour lui qu'un drame quelconque s'était accompli au Stollborg et que le baron n'avait pu voir sans effroi ou sans colère ces trois choses représentées sous une forme et dans une intention quelconque : une prison, une victime et un geôlier.

X

Johan était à coup sûr le confident, peut-être un des acteurs de ce drame. Il avait voulu savoir à quel point maître Christian Waldo, en qualité de chroniqueur ambulant, pouvait avoir été initié à ce mystère. Christian avait adroitement jeté dans son esprit le soupçon d'une indiscrétion de la part des laquais du château, et il avait assez heureusement, jusqu'à nouvel ordre, retiré du jeu son épingle et celle de M. Goefle.

Nous le laisserons vaquer philosophiquement au soin de recharger son âne, et nous dirons ce qui s'était passé pendant son entretien avec le majordome. Nous reprendrons les choses au moment où M. Goefle, favorisé par le lever de la lune et le retour de l'aurore boréale, était reparti pour le Stollborg, marchant rapidement sur le lac, chantonnant et gesticulant un peu malgré lui.

Pendant ce temps, on avait servi le souper aux hôtes du château neuf, et le splendide gâteau de Noël, qui, selon l'usage norvégien, devait rester sur la table et n'être attaqué que le 6 janvier, faisait, par sa dimension et par son luxe, l'admiration des dames. Ce chef-d'œuvre de pâtisserie représentait, par un singulier mélange de la galanterie du siècle avec la pratique religieuse, le temple de Paphos. On y voyait des monuments, des arbres, des fontaines, des personnages et des animaux. La pâtisserie et le sucre cristallisé de toutes couleurs imitaient les matériaux les plus précieux, et se prêtaient aux formes les plus fantastiques.

Le baron avait confié à une vieille demoiselle de sa famille, personne très-versée dans la science domestique et parfaitement nulle à tous autres égards, le soin de faire les honneurs du souper, pendant qu'il prendrait le temps de lire quelques lettres et d'y répondre. En réalité, le baron, qui ne manquait pas de prétextes pour se retirer quand il avait quelque préoccupation d'esprit, était en ce moment enfermé dans son cabinet avec un homme pâle qui se donnait le nom de Tebaldo, et qui n'était autre que Guido Massarelli.

Ce n'est pas sans peine que Guido avait obtenu ce tête-à-tête. Johan, très-jaloux de l'oreille du maître, avait tâché de lui tirer son secret pour s'en donner les gants; mais Massarelli n'était pas homme à se laisser surprendre. Il avait insisté, et, après avoir erré tout le jour dans le château, il obtenait enfin l'entrevue dont il avait escompté le résultat en se targuant auprès de Christian d'être l'ami de la maison. L'entretien, qui eut lieu en français, commença par un étrange récit auquel le baron ne sembla prêter qu'une attention ironique et dédaigneuse.

— Voilà, dit-il enfin à Massarelli, une très-énorme aventure, je dirais une révélation très-importante, si je pouvais ajouter foi à ce que je viens d'entendre; mais j'ai été si souvent trompé dans les affaires délicates, qu'il me faudrait d'autres preuves que des paroles. Vous m'avez raconté un fait bizarre, romanesque, invraisemblable...

— Que M. Stenson a reconnu fort exact, répondit l'Italien, et qu'il n'a pas même essayé de nier.

— Vous le dites, reprit froidement le baron; par malheur, je ne peux m'en assurer. Si j'interroge Stenson, que votre récit soit véridique ou imaginaire, il niera certainement.

— C'est probable, monsieur le baron; un homme capable d'une dissimulation qui vous en a imposé pendant plus de vingt ans ne se fera pas faute de mentir encore; mais, si vous trouvez le moyen d'épier un entretien entre lui et moi, vous surprendrez la vérité. Je me charge bien de la lui arracher encore une fois et en votre présence, pourvu qu'il ne se doute pas que vous l'entendez.

— Il ne serait pas difficile, avec un homme aussi sourd, de se glisser dans son appartement;... mais... puisque, selon lui, la personne est morte, que me fait, à moi, le passé du vieux Stenson? Il a nécessairement agi à bonne intention, et, bien qu'il m'ait fait grand tort en laissant, par son silence, d'odieux soupçons peser sur moi... comme le temps a fait justice de ces choses...

— Pas tant que M. le baron paraît le croire, reprit l'Italien, qui savait, aussi bien que le baron, s'envelopper d'un calme audacieux. C'est la légende du pays, et Christian Waldo l'a certainement ramassée sur son chemin en venant ici.

— Si cela était, reprit le baron laissant percer une secrète rage, ce bateleur n'eût certes pas eu l'impudence d'en faire publiquement et devant moi le sujet d'une scène de comédie.

— C'était pourtant bien la représentation du vieux donjon... J'ai vu la localité aujourd'hui, et Christian Waldo, qui demeure au Stollborg, a pu la voir aussi. Les Italiens... c'est très-hardi, monsieur le baron, les Italiens!

— Je m'en aperçois, monsieur Tebaldo. Vous dites que ce Waldo demeure au Stollborg? Il aurait donc fait ce tableau tout exprès et d'après nature? Si promptement! ce n'est pas probable. La ressemblance de son décor avec le donjon est une chose fortuite.

— Je ne le pense pas, monsieur le baron; Waldo a une grande facilité, et il peint comme il improvise.

— Vous le connaissez donc?

— Oui, monsieur le baron.

— Quel est son vrai nom?

— C'est ce que je dirai à M. le baron, si la somme que je lui ai demandée ne lui paraît pas exorbitante.

— De quel intérêt peut être pour moi de savoir son nom?

— Un intérêt immense... et *capital*...

La manière dont le prétendu Tebaldo prononça ce mot parut faire quelque impression sur le baron.

— Vous dites, reprit-il après une pause, que la personne est morte?

— Stenson l'affirme.

— Et vous?

— J'en doute.

— Christian Waldo le sait peut-être?

— Christian Waldo ne sait rien.

— Vous en êtes sûr?

— J'en suis sûr.

— Mais vous voulez me donner à entendre que cet homme est précisément celui...

— Je n'ai pas dit cela, monsieur le baron.

— Alors vous voulez dire et ne pas dire; vous voulez être payé d'avance pour une révélation chimérique.

— Je ne vous ai rien demandé, que votre signature, monsieur le baron, dans le cas où vous serez content de moi.

— Je ne signe jamais. Tant pis pour qui doute de ma parole.

— Alors, monsieur le baron, je remporte mon secret; celui qu'il intéresse au moins autant que vous l'aura pour rien.

Et Tebaldo allait résolûment sortir du cabinet, lorsque le baron le rappela. Il se passait quelque chose d'assez naturel chez ces deux hommes. Ils avaient peur l'un de l'autre. Le premier n'avait pas encore touché le bouton de la serrure pour sortir, qu'il s'était dit : « Je suis fou, le baron va me faire assassiner pour m'empêcher de parler. » Le second s'était dit, de son côté : « Il a peut-être déjà parlé; lui seul peut me faire savoir ce que j'ai à craindre. »

— Monsieur Tebaldo, dit le baron, si je vous apprenais que j'en sais plus long que vous ne pensez?

— J'en serais charmé pour vous, monseigneur, répondit l'Italien avec audace.

— La personne n'est pas morte; elle est ici ou du moins elle y était hier; je l'ai vue, je l'ai reconnue.

— Reconnue? dit Massarelli avec surprise.

— Oui, reconnue, je m'entends : cette personne se donnait le nom de Goefle, avec ou sans la permission d'un homme honorable qui s'appelle ainsi. Parlez donc; vous voyez que je suis sur la voie et qu'il est puéril de vouloir porter mes soupçons sur le bateleur Waldo.

L'Italien étonné resta court. Arrivé le matin même, il ne savait rien des incidents de la veille; il avait rencontré M. Goefle sans le connaître; il ne parlait pas le suédois, le dalécarlien encore moins; il n'avait pu lier conversation qu'avec le majordome, qui parlait un peu français et qui était fort méfiant. Il ignorait donc absolument l'histoire de Christian au bal et ne savait réellement pas de qui le baron lui parlait. En le voyant surpris et démonté, le baron se confirma dans sa pensée qu'il l'avait confondu par sa pénétration.

— Allons, dit-il, exécutez-vous et finissons-en. Dites tout, et comptez sur une récompense proportionnée au service que vous pouvez me rendre.

Mais l'Italien avait déjà repris toute son assurance. Persuadé que le baron était sur une fausse piste et décidé à ne pas livrer son secret pour rien, il ne songeait plus qu'à gagner du temps et à se préserver du mauvais parti que pouvait lui faire cet homme, réputé terrible, s'il refusait carrément de s'expliquer.

— M. le baron veut-il me donner vingt-quatre mille écus et vingt-quatre heures, dit-il, pour mettre en sa présence et à sa disposition la personne qu'il a tant d'intérêt à connaître ?

— Vingt-quatre mille écus, c'est peu ! répondit le baron avec ironie; mais vingt-quatre heures, c'est beaucoup !

— C'est peu pour un homme tout seul.

— Vous faut-il de l'aide ? J'ai des gens sûrs et très-habiles.

— S'il faut partager avec eux les vingt-quatre mille écus, j'aime mieux agir seul, à mes risques et périls.

— Quelle action entendez-vous donc faire?

— Celle que me prescrira M. le baron !

— Oui-da ! vous avez l'air de me proposer...

En ce moment, le baron fut interrompu par une sorte de grattement derrière une des portes de son cabinet.

— Attendez-moi ici, dit-il à Massarelli.

Et il passa dans une autre pièce.

Guido résuma vite la situation ; épouvanté du calme du baron, il jugea que le plus prudent pour lui était de traiter les affaires par correspondance : en conséquence, il alla vers la porte par laquelle on l'avait introduit. Il la trouva fermée au moyen d'un secret que, malgré une certaine science pratique, il ne put trouver. Il s'approcha de la fenêtre ; elle était à quatre-vingts pieds du sol.

Il essaya sans bruit la porte par laquelle le baron était sorti. Elle était aussi bien close que l'autre. Le bureau était ouvert et laissait voir une recommandable réunion de rouleaux d'or.

— Ah ! se dit Massarelli en soupirant, les portes sont solides et les serrures sont bonnes, puisqu'on me laisse ici en tête-à-tête avec ces beaux écus !

Et il commença à s'alarmer sérieusement de sa position. Il essaya d'écouter ce qui se disait dans la pièce voisine. Il n'entendit absolument rien. Or, ce qui se disait dans cette pièce, le voici :

— Eh bien, Johan, as-tu réussi ? As-tu vu la figure de ce Waldo ?

— Oui, monsieur le baron ; ce n'est pas l'homme d'hier, c'est un monstre.

— Plus laid que toi ?

— Je suis beau en comparaison !

— Tu l'as vu, bien vu?

— Comme je vous vois.

— Par surprise?

— Nullement. Je lui ai dit que j'étais curieux, il s'est exécuté de bonne grâce.

— Et l'autre, le faux Goefle?

— Pas de nouvelles!

— C'est singulier! On ne l'a vu nulle part?

— Ce Waldo ne l'a pas aperçu au Stollborg, et M. Goefle n'est pas son compère.

— Ulphilas doit l'avoir vu pourtant?

— Ulphilas n'a vu au Stollborg que M. Goefle, son domestique, et l'homme affreux que je viens de voir moi-même.

— M. Goefle a donc un domestique? C'est notre inconnu déguisé.

— C'est un enfant de dix ans.

— Alors je m'y perds.

— M. le baron a quelque renseignement de cet Italien qui est là?

— Non : c'est un menteur ou un fou; n'importe, il faut retrouver cet inconnu qui m'a insulté! Tu m'as dit qu'il avait causé et fumé avec le major Larrson et ses amis?

— Oui, dans la salle d'en bas.

— Alors ce sont ces jeunes gens qui le cachent ; il est dans le *bostœlle* du major!

— Je le ferai surveiller. Le major n'est pas homme à garder un secret avec cet air d'insouciance. Il est arrivé ce matin, et n'est pas retourné chez lui de la journée. Son lieutenant...

— Est un âne! Mais ces jeunes gens me haïssent.

— Que pouvez-vous craindre de cet inconnu?

— Rien et tout! Que penses-tu de ce Tebaldo?

— Franche canaille!

— C'est pour cela qu'il ne faut pas le lâcher. Tu m'entends?

— Parfaitement.

— Où en est-on du souper?

— Au dessert bientôt.

— Il faut que je me montre. Tu donneras des ordres pour préparer mon plus beau traîneau, et mes meilleurs chevaux en quadrige.

— Vous allez faire cette course sur le lac?

— Non, je tâcherai de me reposer au contraire ; mais il faut que l'on me croie très-vaillant : je serai retenu par une affaire d'État. Fais botter un courrier, et qu'on le voie. Donne à plusieurs reprises ordre et contre-ordre. Enfin, que je passe pour très-occupé, pour très-bien portant par conséquent.

— Vous voulez donc faire crever de rage vos aimables héritiers?

— Je veux les enterrer, Johan!

— *Amen*, mon cher maître! Vous accompagnerai-je jusqu'à la salle à manger?

— Non; j'aime à entrer sans bruit et à surprendre mon monde, aujourd'hui plus que jamais.

Le baron sortit, et Johan rentra dans le cabinet où Massarelli, en proie à une vive inquiétude, trouvait le temps bien long.

— Venez, mon garçon, lui dit Johan de son air le plus gracieux, c'est le moment de souper.

— Mais... ne reverrai-je pas M. le baron ce soir? Il m'a dit de l'attendre ici.

— Il vous fait dire maintenant de souper tranquillement et d'attendre ses ordres. Croyez-vous qu'il n'ait rien à faire que de vous écouter? Allons, venez donc; avez-vous peur de moi? Ai-je l'air d'un méchant homme?

— Ma foi, oui, répondit Guido intérieurement en faisant glisser de sa manche un stylet qu'il maniait fort bien.

Johan vit son mouvement, et sortit précipitamment. Guido essaya de le suivre; mais deux colosses qui étaient derrière la porte le saisirent et le conduisirent, le pistolet sur la gorge, à la prison du château, où, après l'avoir fouillé et désarmé, ils le laissèrent au soin du gardien de la grosse tour, une espèce de spadassin aventurier, bélître de profession, comme on disait alors, à qui l'on donnait dans le château le titre de capitaine, mais qui ne paraissait jamais dans les salons.

Johan l'avait suivi, et il assista d'un air bénin à la visite qui fut faite de ses poches et de toutes les pièces de son vêtement. S'étant assuré qu'il ne s'y trouvait aucun papier, il se retira en lui disant :

— Bonsoir, mon petit ami. Ne faites pas le méchant une autre fois !

Et il ajouta en lui-même :

— Il disait avoir les preuves d'un gros secret. Ou il a menti comme un imbécile, ou il s'est méfié en homme qui connaît les affaires, mais il ne s'est pas méfié assez. Tant pis pour lui ! Un peu de cachot fera arriver les aveux ou les preuves.

Cependant le baron, quoique très-souffrant, entra sans bruit dans la salle du festin, mangea un peu d'un air de bon appétit, et fut aussi gai qu'il lui était possible de l'être, c'est-à-dire qu'il énonça en souriant d'un sourire glacial quelques propositions d'un athéisme effrayant, et lança quelques propos odieusement cruels sur le compte de quelques personnes absentes. Quand il calomniait, l'aimable homme parlait à demi-voix, d'un air de nonchalance. Ses héritiers et ses complaisants se hâtaient de rire et se chargeaient de faire circuler ses mots. Ceux de ses hôtes qui s'en trouvaient scandalisés se reprochaient d'être venus chez lui, situation qui les empêchait de le contredire, sinon avec de grands ménagements. Ces ménagements empiraient nécessairement les accusations portées contre les absents. Le baron répétait son dire d'un air de bravade dédaigneuse, ses flatteurs le soutenaient avec âpreté. Les honnêtes gens soupiraient et rougissaient de la faiblesse qui les avait amenés dans cet antre; mais le baron ne prolongeait aucune discussion. Il lançait un mot méchant contre les bienveillants et les timides ; puis il se levait et s'en allait sans qu'on sût s'il devait revenir. On restait contraint jusqu'à ce que son absence définitive fût constatée. Alors tout le monde respirait, même les méchants, qui n'étaient pas les moins anxieux en sa présence. Néanmoins le baron perdit cette fois une belle occasion de se venger et de faire souffrir. S'il eût été renseigné sur la double visite de Marguerite au Stollborg, il ne se fût pas fait faute de la divulguer avec amertume. Heureusement, la Providence avait protégé l'innocent secret de ces deux visites, et l'ennemi, qui en eût tiré des indices certains de la présence du faux Goefle au Stollborg, n'en avait reçu aucun avis. Johan avait bien fait questionner Ulphilas sur toutes les personnes qu'il avait pu voir au Stollborg dans la journée; mais Ulphilas, qui n'avait pas vu Marguerite, avait eu, relativement à la figure de Christian, un motif plausible pour répondre fort à propos : c'est la terreur que Christian lui avait inspirée avec ses grimaces et ses paroles menaçantes dans une langue inconnue. Il l'avait vu sans masque beaucoup plus effrayant qu'il n'était apparu à Johan lui-même, et, d'après ses réponses, Johan s'était trouvé confirmé dans son sentiment et le baron dans son erreur. Les renseignements en étaient donc arrivés à cette conclusion, que le beau Christian Goefle avait disparu, et que le véritable Christian Waldo était un monstre.

Le baron apporta au souper cette dernière nouvelle avec une sorte de satisfaction; car, au moment où il arriva, on faisait encore l'éloge de l'artiste, et il éprouva un certain plaisir à dépoétiser l'homme.

— Vous avez tort, monsieur le baron, lui dit Olga, de lui ôter son prestige aux yeux de la comtesse Marguerite, car elle était enthousiasmée de son débit, et je parie que demain elle n'aura plus aucun plaisir à l'écouter.

Marguerite, placée à peu de distance d'Olga et du baron, feignit de ne pas entendre, afin de se dispenser d'avoir à répondre au baron, s'il cherchait à lier conversation avec elle, comme il l'avait fait plusieurs fois depuis la veille sans y réussir.

— Vous pensez donc, reprit le baron s'adressant toujours à Olga, mais parlant assez haut, que la comtesse Marguerite n'est touchée d'une cause amoureuse qu'autant qu'elle est plaidée par un joli garçon.

— J'en suis certaine, répondit Olga en baissant la voix, et il n'y a plus de jolis garçons pour elle passé vingt-cinq ans.

Olga crut avoir décoché adroitement un trait flatteur dans le cœur de son fiancé quinquagénaire; mais il était mal disposé, et le trait s'émoussa.

— Elle a probablement raison, répondit-il de manière à n'être entendu que de la jeune Russe ; plus on s'éloigne de cet heureux âge, plus on enlaidit, et moins on doit prétendre à un mariage d'amour.

— Oui, répondit Olga, quand on enlaidit; mais...

— Mais, quand on n'enlaidit pas trop, reprit le baron, on est encore bien heureux de pouvoir songer à un mariage de raison !

Et, comme Olga allait répondre, il lui ferma la bouche en ajoutant :

— Ne l'accusez pas, cette pauvre fille ; elle a un grand mérite à mes yeux, c'est d'être sincère. Quand elle hait les gens, elle le leur jette si franchement à la figure, que l'heureux mortel qui lui plaira pourra se fier à sa parole. Celle-là ne trompera jamais personne!

Olga ne put rien répliquer : le baron s'était tourné vers une autre voisine et parlait d'autre chose.

La jeune Russe eut un grand dépit et une grande inquiétude. Dès qu'on se leva de table, Marguerite s'approcha d'elle, non moins inquiète, mais pour un motif tout différent.

— Qu'est-ce donc que le baron vous a dit de moi? lui demanda-t-elle en l'attirant dans un couloir. Il vous a parlé deux ou trois minutes en me regardant.

— Vous vous imaginez cela, répondit Olga sèchement; le baron ne songe plus à vous.

— Ah! je voudrais bien en être sûre. Dites-moi la vérité, ma chère.

— Votre inquiétude n'est pas très-modeste, Marguerite, permettez-moi de vous le dire. Vous pensez que, malgré vos rigueurs, on doit persister à vous adorer?

— Eh bien, pourquoi pas? dit Marguerite, résolue à piquer sa compagne pour lui arracher la vérité. Peut-être, justement à cause de ma rigueur, arriverai-je, malgré moi, à vous supplanter!

Un éclair de vanité blessée passa dans les yeux de la belle Russe.

— Marguerite, dit-elle, vous voulez la guerre, vous l'aurez; tenez, reprenez vos dons! Vous m'avez fait présent d'un beau bracelet; je ne m'en soucie plus : j'ai une plus belle bague!

Et elle tira de sa poche une boîte qui contenait deux bijoux, le bracelet de Marguerite et la bague du baron.

— Le diamant noir! s'écria Marguerite reculant d'effroi... Vous osez toucher à cela?

Mais, se reprenant aussitôt :

— N'importe, n'importe, dit-elle en embrassant Olga, je refuse la guerre, ma chère enfant, et je vous remercie du fond de mon âme de m'avoir montré ce gage de vos fiançailles. Gardez mon bracelet, je vous en supplie! Gardez ma reconnaissance et mon amitié.

Olga fondit en larmes.

— Marguerite, dit-elle, si vous parlez, je suis perdue! J'avais juré de me taire pendant huit jours, et si vous laissez voir votre joie, le baron me reprendra sa parole et pensera encore à vous... d'autant plus qu'il y pense toujours.

— Et vous pleurez à cause de cela?... Olga, vous l'aimez donc, vous? Eh bien, ma chère amie, quelque bizarre que cette inclination-là me paraisse, elle vous relève à mes yeux. Je croyais que vous n'étiez qu'ambitieuse. Si vous aimez, je vous aime et je vous plains !

— Ah! s'écria Olga, vous me plaignez, n'est-ce pas ?

Et, entraînant Marguerite tout au fond de la galerie, elle sanglota sur son épaule jusqu'à être près de crier. Marguerite l'emmena dans sa chambre, où elle la soigna et parvint à la calmer.

— Oui, oui, me voilà bien à présent, dit Olga en se levant. J'ai eu deux ou trois de ces crises depuis hier; mais celle-ci est la dernière, je le sens. Mon parti est pris; je serai calme, j'ai confiance en vous, je ne serai plus faible, je n'aurai plus peur, je ne souffrirai plus !

Elle reprit la bague dans sa poche, la mit à son doigt, et redevint pâle en la contemplant d'un air morne; puis elle l'ôta en disant :

— Je ne dois pas la porter encore.

Et elle la remit dans la boîte et dans sa poche.

Marguerite la quitta sans avoir rien compris à ce qui se passait en elle. Cette passion pour un homme de l'âge et du caractère du baron lui paraissait inexplicable, mais elle avait la généreuse simplicité d'y croire, tandis qu'Olga, prise tout à coup de haine pour son fiancé et de dégoût pour son anneau d'alliance, luttait contre ce qu'elle appelait la faiblesse humaine, et s'exerçait à tuer les révoltes de son propre cœur, de son propre esprit et de tout son être, pour arriver à l'amère et dangereuse conquête d'un grand nom et d'une grande position sociale.

Quant au baron, il avait donné des ordres pour la course et pour la mascarade, comme s'il eût dû y prendre part. Puis, vaincu par la fatigue et la souffrance, il se retira dans sa chambre, tandis que ses hôtes se préparaient à suivre le programme de la fête et que ses chevaux, magnifiquement harnachés, piaffaient devant son escalier particulier, sous la main d'un cocher qui faisait mine d'attendre.

Le baron s'était enfermé avec son médecin, un jeune homme plus instruit qu'expérimenté, que depuis un an il avait attaché exclusivement au soin de personne.

— Docteur, lui disait-il en repoussant une potion que lui présentait le jeune homme timide et tremblant, vous me soignez mal! Encore de l'opium, je parie?

— M. le baron a besoin de calmants. Son irritation nerveuse est extrême.

— Pardieu! je le sais bien; mais calmez-moi sans m'abattre; ôtez-moi ce tremblement convulsif et ne me retirez pas mes forces.

Le malade demandait l'impossible. Le médecin n'osait pas le lui dire.

— J'espère, reprit-il, que cette potion vous tranquillisera sans vous affaiblir.

— Voyons, agira-t-elle vite? Je voudrais dormir deux ou trois heures, me relever et m'occuper de mes affaires. Me répondez-vous que, dans le courant de la nuit, j'aurai mes facultés?

— Monsieur le baron, vous me désespérez! Vous voulez encore travailler cette nuit, après la crise d'hier et celle d'aujourd'hui? Vous avez un régime impossible.

— N'ai-je pas une force exceptionnelle? Ne m'avez-vous pas dit cent fois que vous me guéririez? Vous m'avez donc trompé? vous vous moquez donc de moi?

— Ah! dit le médecin avec un accent de détresse, pouvez-vous le croire?

— Eh bien, donnez-la, votre potion. Va-t-elle agir tout de suite?

— Dans un quart d'heure, si vous n'en détruisez pas l'effet par votre agitation.

— Donnez-moi ma montre, là, à côté de moi. Je veux voir si vous êtes sûr de l'effet de vos drogues.

Le baron avala la potion, et, assis dans son grand fauteuil, il sonna son valet de chambre :

— Dis au major Larrson que je le prie de diriger la course. C'est lui qui s'y entend le mieux.

Le valet sortit. Le baron le rappela presque aussitôt.

— Que Johan se couche, dit-il, et qu'il dorme vite. A trois heures du matin, j'aurai besoin de lui. C'est lui qui viendra me réveiller. Va-t'en ; non, reviens ! J'irai à la chasse demain; toutes les mesures sont-elles prises? oui ? C'est bien. Va-t'en tout à fait.

Le valet sortit définitivement, et le jeune médecin, toujours fort ému, resta seul avec son malade.

— Votre potion n'opère pas du tout, lui dit celui-ci avec impatience, je devrais déjà être endormi!

— Tant que M. le baron se tourmentera de mille détails...

— Eh! morbleu, monsieur, si je n'avais pas de tourments dans l'esprit, je n'aurais pas besoin de médecin! Voyons, asseyez-vous là, et causons tranquillement.

— Si, au lieu de causer, M. le baron pouvait se recueillir...

— Me recueillir ! Je ne me recueille que trop. C'est la réflexion qui me donne la fièvre. Causons, causons, comme la nuit dernière. Je me suis endormi en causant. Vous savez, docteur, je me marie décidément.

— Avec la belle comtesse Marguerite !

Pas du tout; c'est une petite sotte. J'épouse la grande Olga. J'aurai des enfants russes.

— De beaux enfants, à coup sûr.

— Oui, si ma femme a bon goût, car je ne crois pas un mot de vos flatteries, docteur; ma femme me trompera. Qu'importe, pourvu que j'aie un héritier, pourvu que les cousins et arrière-cousins enragent! Docteur, je tiens à vivre assez pour voir cela, entendez-vous? Faites-y attention, je ne vous léguerai pas un ducat! Je vous comblerai pendant ma vie, pour que vous ayez intérêt à me conserver. J'agirai de même avec ma femme : chaque année de ma vie augmentera son luxe et ses parures. Après moi, si elle n'a pas fait d'économies, elle n'aura rien. Elle n'aura même pas la tutelle de son enfant! Oh! oui-da, je n'ai pas envie d'être empoisonné !

— Vous vous nourrissez d'idées sinistres, monsieur le baron. Mauvais régime.

— Quelle bêtise vous dites là, docteur! C'est comme si vous disiez que j'ai tort d'avoir trop de bile dans le foie. Est-ce ma faute?

— Ne sauriez-vous vous efforcer d'avoir des idées riantes? Essayez; pensez à cette comédie de marionnettes, qui était fort gaie.

— Que je pense aux marionnettes! Vous voulez donc me rendre imbécile?

— Oh! certes, si je pouvais éteindre le feu de vos pensées...

— Pas de compliments sur mon intelligence, je vous prie; je sens qu'elle baisse beaucoup.

— M. le baron est seul à s'en apercevoir.

Le baron haussa les épaules, bâilla et garda quelques instants le silence. Le docteur vit ses yeux s'agrandir, ses pupilles se dilater et sa lèvre inférieure devenir pesante. Le sommeil approchait.

Tout à coup le baron se leva et montra la muraille en disant :

— Je la vois toujours! C'est comme hier! C'était un homme d'abord, et puis la figure a changé... A présent, elle regarde à la fenêtre, elle se penche... Courez, courez, docteur! On m'a trompé, on m'a trahi... J'ai été joué comme un enfant!... Un enfant!.. Non, il n'y a pas d'enfant!

Et, se rasseyant, le baron, mieux éveillé, ajouta avec un sourire lugubre :

— C'était dans la comédie de Christian Waldo... Un tour de bateleur!... Vous voyez, docteur, vous le voulez, je pense aux marionnettes... Je me sens lourd;... ne me quittez pas.

Et le baron s'endormit les yeux ouverts, comme un cadavre.

Au bout de quelques instants, ses paupières se détendirent et s'abaissèrent; le docteur lui toucha le pouls, qui était plein et lourd. Le baron avait besoin, selon lui, d'être saigné; mais comment l'y décider?

— La tâche de faire vivre cet homme en dépit du ciel et de lui-même est ingrate, odieuse, impossible, pensa le pauvre médecin. Ou il a de fréquents accès de folie, ou sa conscience est chargée de remords. Je me sens devenir fou moi-même auprès de lui, et les terreurs de son imagination me gagnent, comme si, en m'efforçant de conserver sa vie, je devenais le complice de quelque iniquité!

Mais ce jeune homme avait une mère et une fiancée. Quelques années d'une tâche lucrative devaient le mettre à même d'épouser l'une et de tirer l'autre de la misère. Il restait donc là, cloué à ce cadavre sans cesse galvanisé par les ressources de son art, et, tantôt dévoué à son œuvre, tantôt brisé de fatigue et de dégoût, il ne savait parfois s'il désirait la guérison ou la mort de son malade. Ce garçon avait une âme douce et des instincts naïfs. Le commerce continuel d'un athée le froissait, et il n'avait pas le droit de défendre ses croyances; la contradiction exaspérait le malade. Il était sociable et enjoué; le malade était sombre et misanthrope sous son habitude de raillerie acerbe et cynique.

Pendant que le baron dormait, la fête de nuit allait son train. Le bruit des pétards, la musique, les hurlements des chiens courants réveillés au chenil par le piaffement des chevaux qu'on attelait, les rires des dames dans les corridors du château, les clartés errantes sur le lac, tout ce qui se passait autour de cette chambre muette et sombre où gisait le baron immobile et livide faisait sentir au jeune homme son isolement et son esclavage. Et, pendant ce temps aussi, la comtesse Elveda conspirait avec l'ambassadeur de Russie contre la nationalité de la Suède, tandis que les cousins et arrière-cousins du baron surveillaient la porte de son appartement, se disant les uns aux autres :

— Il sortira, il ne sortira pas. Il est plus malade qu'il ne l'avoue ; il est mieux portant que l'on ne croit.

Comment savoir la vérité? Les valets, très-dévoués à la volonté absolue d'un maître qui payait bien et punissait de même (on sait que les valets sont encore soumis, en Suède, au régime des coups), répondaient invariablement à toutes les questions, que M. le baron ne s'était jamais mieux porté; quant au médecin, le baron lui avait fait donner, en le prenant chez lui, sa parole d'honneur de ne jamais avouer la gravité de son mal.

On a vu que, pour motiver ses fréquentes disparitions au milieu des fêtes qu'il donnait, le baron avait fait mettre en avant, une fois pour toutes, le prétexte de nombreuses et importantes affaires. Il y avait là un fonds de vérité; le baron se livrait au minutieux détail des intrigues politiques, et en outre ses affaires particulières étaient encombrées de questions litigieuses, sans cesse soulevées par son humeur inquiète et ses prétentions despotiques. Cette fois, en dehors de tous ces motifs d'agitation, un trouble étrange, vague encore, mais plus funeste à sa santé que tous ceux dont il avait l'habitude, était entré dans son esprit. Des soupçons effacés, des craintes longtemps assoupies, s'étaient réveillés depuis le bal de la veille, et encore plus depuis la représentation des *burattini*. Il en était résulté un de ces états nerveux qui lui mettaient la bouche de travers, tandis qu'un de ses yeux se mettait à loucher considérablement. Comme il attachait une immense vanité à la beauté de sa figure flétrie, mais noble et régulière, et cela surtout dans un moment où il s'occupait de mariage, il se cachait avec soin dès qu'il se sentait ainsi contracté, et il se faisait soigner pour hâter la fin de la crise.

Aussi, dès qu'il eut fait un somme, son premier soin fut-il de se regarder dans un miroir posé près de lui. Satisfait de se voir rendu à son état naturel :

— Allons, dit-il au médecin, en voilà encore une de passée ! J'ai bien dormi, ce me semble. Ai-je rêvé, docteur ?

— Non, répondit le jeune homme, troublé du mensonge qu'il faisait.

— Vous ne dites pas cela franchement, reprit le baron. Voyons, si j'ai parlé haut, il faut en tenir note et me le rapporter exactement ; vous savez que je le veux.

— Vous n'avez dit que des paroles sans suite et dépourvues de sens, qui ne trahissaient aucune pensée dominante.

— Alors, c'est que réellement vos drogues ont un bon effet. Le médecin qui vous a précédé ici me racontait mes rêves... Ils étaient bizarres, affreux ! Il paraît que je n'en ai plus que d'insignifiants.

— N'en avez-vous pas conscience, monsieur le baron ? N'êtes-vous pas moins fatigué qu'autrefois en vous éveillant ?

— Non, je ne peux pas dire cela.

— Cela viendra.

— Dieu le veuille ! A présent, laissez-moi, docteur : allez vous coucher. Si j'ai besoin de vous, je vous ferai éveiller; je sens que je dormirai encore. Envoyez-moi mon valet de chambre; je veux essayer de me mettre au lit.

— Le médecin qui m'a précédé ici, se dit le jeune docteur en se retirant, a entendu trop de choses et il en a trop redit. Le baron l'a su, ils se sont brouillés; le médecin a été persécuté, forcé de s'exiler... C'est une leçon pour moi.

Cependant Christian avait rejoint M. Goefle au Stollborg. Le docteur en droit était triomphant. Il avait forcé la serrure d'une des vastes armoires de la chambre de garde, et il avait trouvé quelques vêtements de femme d'un assez grand luxe.

— Cela, dit-il à Christian, c'est, à coup sûr, un reste oublié, ou conservé religieusement par Stenson, de la garde-robe de la baronne Hilda; cela peut passer pour un costume, puisque c'est fort passé de mode; cela a au moins une vingtaine d'années de date. Voyez si vous pouvez vous en affubler; la dame était grande, et... quand même vous seriez un peu *court vêtu!* Quant à moi, je me ferai un costume de sultan avec ma pelisse et un turban d'étoffe quelconque. Voyons, aidez-moi, Christian : vous êtes artiste; tout artiste doit savoir rouler un turban !

Christian n'était pas gris; l'effraction de M. Goefle le chagrina un peu.

— On accuse toujours, lui dit-il, les gens de mon état, et non sans cause généralement; vous verrez que cela m'attirera quelque ennui !

— Bah! bah ! ne suis-je pas là? s'écria M. Goefle. Je prends tout sur moi. Allons, Christian, endossez donc cette robe; essayez, du moins.

— Cher monsieur Goefle, dit Christian, laissez-moi avaler n'importe quoi; je meurs de faim.

— C'est trop juste ! Faites vite.

— Et puis, je ne sais pourquoi, reprit Christian en mangeant debout et en regardant les vêtements épars devant lui, je me sens de la répugnance à toucher à ces vieilles reliques. Le sort de cette pauvre baronne Hilda a été si triste ! Savez-vous que mes soupçons ont encore augmenté, depuis tantôt, sur son genre de mort?

— Au diable! reprit M. Goefle; je ne suis plus en train de ressasser les histoires du passé, moi ! Je me sens en humeur de rire et de courir. A l'œuvre, Christian, à l'œuvre, et à demain les idées tristes! Voyons, passez donc cette robe à la polonaise ; elle est magnifique ! Pourvu que vos épaules y entrent, le reste ira tout seul.

— Je ne crois pas, dit Christian en enfonçant sa main dans une des poches de la robe; mais voyez donc comme elle avait la main petite pour passer dans cette fente!

— Eh bien, et vous aussi, ce me semble!

— Oui; mais, moi, je ne peux plus retirer la mienne... Attendez! oh! un billet!

— Voyons, voyons! s'écria le docteur en droit; ce doit être curieux, cela.

— Non, dit Christian, il ne faut pas le lire.

— Pourquoi?

— Je ne sais pas; cela ressemble à une profanation.

— En ce cas, j'en commettrais souvent, moi dont l'état est de fouiller dans les secrètes archives des familles.

M. Goefle saisit le billet jauni et lut ce qui suit:

« Mon Hilda bien-aimée, j'arrive à Stockholm, et j'y trouve le comte de Rosenstein. Je ne serai donc pas obligé d'aller à Calmar, et je repartirai le 10 courant pour te serrer dans mes bras, te chérir, te soigner et faire avec toi de nouveaux rêves de bonheur, puisque Dieu bénit encore une fois notre union. Je t'envoie un exprès pour te rassurer sur mon voyage, qui n'a pas été trop pénible. Il l'a été cependant assez pour que je me sois plusieurs fois applaudi de ne t'avoir pas emmenée dans la situation où tu es. Jusqu'à Falun, il m'a fallu toujours être à cheval. Au revoir donc, le 15 ou le 16 au plus tard, ma bien-aimée. Nous ne plaiderons pas avec Rosenstein. Tout s'arrange. Je t'aime.

» ADELSTAN DE WALDEMORA. »

— Monsieur Goefle, dit Christian à l'avocat, qui repliait la robe en silence, ne vous semble-t-il pas horriblement triste de trouver cette lettre d'amour et de bonheur conjugal dans les vêtements d'une morte?

— Oui, c'est triste! répondit M. Goefle en ôtant ses lunettes et le turban qu'il s'était improvisé. Et puis c'est étrange! Savez-vous que cela donnerait à réfléchir?... Mais la pauvre baronne s'était trompée, elle n'était pas enceinte, elle l'a déclaré librement. Stenson me l'a dit encore aujourd'hui. Il était là quand elle a signé!... Mais voyons donc la date de ce billet.

M. Goefle remit ses lunettes et lut : *Stockholm, le 5 mars 1746.*

— Tiens! reprit-il, cela s'accorde justement, si j'ai bonne mémoire... Bah! cette histoire est trop ténébreuse pour un homme qui a envie de s'amuser. C'est égal, je garde le billet. Qui sait? Il faudra que je revoie les papiers que m'a laissés mon père... Mais voyons, Christian, vous renoncez donc au déguisement?

— Avec ces chiffons qui sentent le sépulcre?... A coup sûr! Ils me donnent froid dans le dos... Elle était vertueuse, érudite et belle, disiez-vous ce matin : la perle de la Dalécarlie !... Et elle est morte toute jeune?

— A vingt-cinq ou vingt-six ans, près de dix mois après la date de ce billet ; car c'est bien en mars 1746 que le comte Adelstan a été assassiné. Ce sont probablement là les derniers mots qu'il a tracés pour sa femme ; et c'est pour cela qu'elle a porté ce cher billet sur elle peut-être jusqu'à son dernier jour, arrivé si peu de temps après !

— Voyez comme cette femme a été malheureuse ! reprit Christian ; jeune épouse et jeune mère, se trouver tout à coup veuve et sans postérité... mourir victime de la haine du baron...

— Oh ! cela n'est rien moins que prouvé... Mais écoutez donc la fusillade ! La course est commencée, Christian, et nous sommes là à deviser sur des choses qui n'intéressent plus personne, et qui, après tout, ne nous regardent pas. Si vous êtes mélancolique ce soir, restez ici, mon garçon ; moi, je vais courir, j'ai besoin de prendre l'air ; j'ai trop rêvassé aujourd'hui.

Christian eût préféré rester ; mais il voyait M. Goefle si animé, qu'il craignait de le laisser à sa propre gouverne.

— Tenez, dit-il, renonçons au déguisement. Comme il ne faut pas que l'on nous voie ensemble à visage découvert, masquons-nous tous deux. Vous serez Christian Waldo, puisque vous êtes le mieux vêtu de nous deux; moi qui ai déjà été pris ce soir pour mon valet, je vais continuer ce rôle, je serai Puffo.

— Voilà qui est très-bien imaginé! s'écria M. Goefle. A présent, partons! A propos, laissons de la lumière à M. Nils; s'il se réveillait, il aurait peur, et peut-être faim. Je vais lui mettre une cuisse de poularde sous le nez.

— Le petit Nils? Il est donc là?

— Mais oui, certainement. Mon premier soin, en rentrant, a été d'aller le chercher dans l'écurie, de le déshabiller et de le mettre au lit. Il aurait gelé cette nuit dans la litière, ce maudit enfant!

— A-t-il recouvré ses esprits?

— Parfaitement, pour me dire que je le dérangeais beaucoup et pour grogner pendant que je le couchais.

— Eh bien, et Puffo? Je ne l'ai pas retrouvé dans l'écurie en y ramenant mon âne.

— Je ne l'ai pas vu non plus; il doit être en train de se regriser avec Ulphilas. Allons, grand bien leur fasse! Il va être minuit, partons; vous m'aiderez bien à atteler mon cheval? Oh! le brave Loki ne restera pas en arrière, allez!

— Mais votre cheval et votre traîneau vous feront reconnaître?

— Non, le traîneau n'a rien de particulier. Quant au cheval, il m'a été vendu dans ce pays-ci, l'année dernière précisément; mais nous lui mettrons son capuchon de voyage.

— Le but de la course proposée par le baron et confiée à la direction du major Larrson était le *hogar* qui s'élevait à l'extrémité du lac, environ à une demi-lieue du Stollborg et du château neuf, lesquels, comme nous l'avons dit, étaient fort peu distants l'un de l'autre, l'un bâti sur un îlot rapproché du rivage, l'autre sur le rivage même. Les *hogars* sont des tumulus attribués à la sépulture des anciens chefs scandinaves. Ils sont généralement très-escarpés et de forme cylindrique. Lorsqu'ils sont terminés par une plate-forme, ils servaient, dit-on, à ces rois barbares pour rendre la justice. On les rencontre dans toute la Suède, où ils sont même beaucoup plus multipliés que chez nous.

Celui vers lequel la course se dirigeait présentait un coup d'œil fantastique. On l'avait couronné d'une triple rangée de torches de résine, et, à travers la fumée de ce luminaire rougeâtre, on voyait s'élever une gigantesque figure blanche ; c'était une statue de neige, ouvrage informe et colossal que des paysans avaient façonné et dressé dans la journée par ordre du baron, lequel, n'ignorant pas le surnom dont on l'avait gratifié, avait narquoisement promis aux dames la surprise de son portrait sur la cime du tumulus. La grossièreté de l'œuvre était en harmonie avec la sauvagerie du site et la tradition de ces idoles à grosse tête et à court sayon raboteux qui représente Thor, le Jupiter scandinave, élevant son marteau redoutable au-dessus de son front couronné.

L'aspect de ce colosse blanc, qui semblait flotter dans le vide, était prestigieux, et personne ne regretta d'avoir bravé le froid de la nuit pour jouir d'un spectacle aussi étrange. L'aurore boréale était pâle, et luttait, d'ailleurs, contre l'éclat de la lune ; mais ces alternatives de nuances diverses, ces recrudescences et ces défaillances de lumière qui caractérisent le phénomène, n'en donnaient pas moins au paysage une incertitude de formes et un chatoiement de reflets qu'il faut renoncer à décrire. Christian croyait rêver, et il répétait à chaque instant à M. Goefle que cette étrange nature, malgré ses rigueurs, parlait à l'imagination plus que tout ce qu'il avait vu dans ses voyages.

La course était lancée, quand les deux amis la
rejoignirent et la suivirent en flanc pour n'en pas
troubler l'ordre nécessaire. La glace avait été explorée, et le chemin, tracé par des torches colossales,
contournait les pointes de rocher et les îlots plantés
de sapins et de bouleaux qui parsemaient la surface
du lac. Une volée de riches traîneaux, placés sur quatre de front, fuyaient comme des flèches en maintenant exactement leur distance, grâce à l'habileté des
conducteurs et à la fidélité des chevaux.

A l'approche du rivage où s'élevait le hogar, le
lac, plus profond, offrait une surface parfaitement
plane et libre d'obstacles. Là, tous les traîneaux
s'arrêtèrent et se placèrent en demi-cercle, et les
jeunes gens qui devaient se disputer le prix s'écar-
tèrent sur une seule ligne en attendant le signal.
Les dames et les hommes graves sortirent de leurs
véhicules et montèrent sur un îlot préparé à cet effet,
c'est-à-dire jonché de branches de pin, pour juger,
sans se trop geler les pieds, des prouesses des concurrents. La scène était pafaitement éclairée par un
grand feu allumé sur les rochers, derrière l'estrade
naturelle où se tenait l'assistance.

Le tableau que présentait cette assemblée était
aussi bizarre que le lieu qui lui servait de cadre.
Tout le monde était masqué, circonstance agréable

pour chacun en raison du froid qui soufflait au visage. Les costumes étaient, pour la même raison, lourds et chargés de fourrures, ce qui n'excluait pas un grand luxe de dorures, de broderies et d'armes étincelantes. Les coureurs étaient bien en vue sur de légers traîneaux découverts qui représentaient divers animaux fantastiques, de gigantesques cygnes d'argent à bec rouge, des dauphins d'or vert, des poissons à queue recourbée, etc. Le major Larrson, monté sur un dragon effroyable, était lui-même déguisé en monstre, avec des foudres lumineuses sur la tête. Sur le hogar, on voyait s'agiter ceux qui devaient décerner le prix, et qui figuraient d'antiques guerriers à casque ailé ou à capuchon décoré d'une corne sur l'oreille, comme on représente Odin dans son costume de cérémonie, c'est-à-dire dans tout l'éclat de sa divinité.

Christian cherchait parmi les dames, déguisées en sibylles et en reines barbares, à reconnaître Marguerite. Il ne put en venir à bout, et dès lors la fête, sans lui paraître moins brillante, ne parla plus qu'à ses yeux. Il n'en était pas ainsi de M. Goefle, dont l'imagination était fort excitée.

— Christian, s'écria-t-il, malgré nos costumes, qui ne sont pas des costumes, et notre traîneau, qui n'est qu'un traîneau, ne nous mettrons-nous pas en ligne? Est-ce parce que mon brave Loki n'a ni panache, ni oiseau empaillé, ni cornes sur la tête, qu'il aura de moins bonnes jambes que les autres?

— Cela vous regarde, monsieur le docteur, répondit Christian. Vous le connaissez, vous savez s'il est capable de nous couvrir de gloire ou de honte.

— Il nous couvrira de gloire, j'en suis certain.

— Eh bien, marchons.

— Mais il sera fatigué, le pauvre Loki; il aura chaud, et Dieu sait s'il ne prendra pas une fluxion de poitrine!

— Eh bien, restons.

— Le diable soit de votre flegme, Christian; moi, les mains me grillent de pousser en avant!

— Eh bien, essayons.

— Un homme aussi raisonnable que moi crever un cheval qu'il aime pour damer le pion aux jeunes gens! c'est absurde, n'est-ce pas, Christian?

— C'est absurde, si cela vous semble absurde; tout dépend de l'ivresse que l'on porte dans ces amuments.

— Marchons! s'écria M. Goefle; résister aux inspirations de l'ivresse, c'est être raisonnable, c'est-à-dire bête. En avant, mon bon Loki, en avant!

— Attendez, s'écria Christian en sautant hors du

15.

traîneau, débarrassons-le de son frontail ! Comment voulez-vous qu'il coure, étouffé comme cela ?

— C'est vrai, c'est vrai, Christian ; merci, mon enfant, dépêchez-vous : les autres sont prêts !

Le docteur en droit avait à peine dit ces paroles, qu'un feu d'artifice, placé sur un autre îlot, en arrière de la lice, partit avec un bruit formidable. C'était le signal du départ, le stimulant des chevaux déjà essoufflés.

— Allez, allez, cria Christian à M. Goefle, qui voulait retenir Loki pour attendre que son compagnon fut remonté à ses côtés. Allez donc ! vous perdez le temps !

Et il anima le cheval, qui partit ventre à terre, tandis qu'il restait, le frontail à la main, à regarder les exploits de l'avocat et de son coursier fidèle ; mais il ne le regarda pas longtemps. Comme il s'était rangé de côté pour n'être pas écrasé par les chevaux stationnaires, que le feu d'artifice et l'exemple de leurs compagnons lancés à la course mettaient en belle humeur, il se trouva près d'un traîneau bleu et argent qu'il reconnut aussitôt pour celui de Marguerite. La légère voiture présentait la forme évasée d'un carrosse du temps de Louis XV monté ou plutôt baissé sur des patins de glissade, ce qui permettait de regarder sans affectation à travers les vitres, légèrement brillantées par la gelée. Christian ne s'attendait pas pourtant à voir Marguerite en voiture : elle devait être sur l'estrade de rochers avec les autres ; mais bien lui prit de regarder quand même. Marguerite, qui n'était ni déguisée ni masquée, qui se trouvait ou se disait un peu souffrante, était restée seule dans le traîneau et regardait par la portière. Le cocher s'était mis un peu à l'écart des autres, afin de pouvoir se tourner de profil, ce qui permettait à Marguerite de voir la course, et cette circonstance permettait également à Christian de regarder Marguerite et de se tenir tout près d'elle sans être vu des spectateurs, distraits d'ailleurs par le spectacle de la course.

Il n'eût pas osé lui adresser la parole, et même il affectait de se tenir là par hasard, lorsqu'elle baissa vivement la glace pour lui parler, et, comme il tenait toujours la coiffure du cheval, elle le prit pour un domestique.

— Dites-moi, mon ami, lui dit-elle à demi-voix, quoique sans affectation ; cet homme masqué de noir... comme vous, qui vient de passer là et qui court maintenant, c'est votre maître, n'est-ce pas, c'est Christian Waldo ?

— Non, mademoiselle, répondit Christian en français et sans changer sa voix ni son accent, Christian Waldo, c'est moi.

— Ah! mon Dieu! quelle plaisanterie! reprit la jeune fille avec un sentiment de joie qu'elle ne put contenir et en baissant la voix, car son interlocuteur s'était tout à fait rapproché de la portière; c'est vous, monsieur Christian Goefle! quelle fantaisie vous a donc pris de jouer ce soir le rôle de ce personnage?

— C'est peut-être pour rester ici sans compromettre mon oncle, répondit-il.

— Vous teniez donc un peu à rester? reprit-elle d'un ton qui fit battre le cœur de Christian.

Il n'eut pas le courage de répondre qu'il n'y tenait pas, cela était au-dessus de ses forces; mais il sentit qu'il était temps de finir cette comédie, dangereuse, sinon pour la jeune comtesse, du moins pour lui-même, et, saisi d'un vertige de loyauté, il se hâta de lui dire :

— Je tenais à rester pour vous détromper, je ne suis pas ce que vous croyez. Je suis ce que je vous dis, Christian Waldo.

— Je ne comprends pas, reprit-elle; n'est-ce pas assez de m'avoir mystifiée une fois? Pourquoi voulez-vous jouer encore un rôle? Croyez-vous que je n'ai pas reconnu votre voix quand vous faisiez parler les marionnettes de Christian Waldo avec tant d'esprit? J'ai bien remarqué que vous en aviez plus que lui...

— Comment donc arrangez-vous cela? dit Christian étonné. Qui donc croyez-vous avoir entendu ce soir?

— Vous et lui. Il y avait deux voix, j'en suis sûre, peut-être trois qui seraient... la vôtre, celle de ce Waldo, et celle de son valet.

— Il n'y en avait que deux, je vous le jure.

— Soit! qu'importe? j'ai reconnu la vôtre, vous dis-je, vous ne me tromperez pas là-dessus.

— Eh bien, la mienne, c'est la mienne, je ne le nie pas; mais il faut que vous sachiez...

— Écoutez, écoutez! s'écria Marguerite. Oh! voyez, on proclame le nom du vainqueur de la course : c'est Christian Waldo, ce me semble. Oui, oui, j'en suis sûre, j'entends bien le nom, et je vois très-bien l'homme masqué debout sur son petit traîneau noir. C'est lui! c'est le véritable! vous n'êtes qu'un Waldo de contrebande... C'est égal, monsieur Goefle, vous lui en remontreriez; les plus jolies choses de la pièce et les mieux dites, le rôle d'Alonzo, tout entier, c'était vous! Voyons, donnez votre parole d'honneur que je me suis trompée!

— Quant au rôle d'Alonzo je ne puis le nier.

— Est-ce que vous jouerez encore demain, monsieur Goefle?

— Certainement!

— Ce sera bien aimable à vous! Pour ma part, je vous en remercie; mais personne ne s'en doutera, n'est-ce pas? Tenez-vous bien caché au Stollborg. Au reste, je vois avec plaisir que vous êtes prudent, et que vous savez bien vous déguiser. Personne ne peut vous reconnaître sous les habits que vous avez là; mais, sauvez-vous! Voilà que l'on remonte en voiture pour pousser jusqu'au hogar et complimenter le vainqueur. Ma tante va sûrement... Non, elle monte dans le traîneau de l'ambassadeur russe... Elle me laisse seule!... Voyez-vous, monsieur Christian, une mère ne ferait pas cela! Une tante jeune et belle, ce n'est pas une mère, il est vrai!.. Attendez! elle va sûrement m'envoyer M. Stangstadius pour me tenir compagnie!

— M. Stangstadius! s'écria Christian, où est-il? Je ne le vois pas.

— Il a eu la naïveté de mettre un masque; il n'en est pas moins reconnaissable; s'il était par là, vous le verriez! Il n'y est pas, et tout le monde part.

— Mademoiselle, dit le cocher de Marguerite en

dalécarlien à sa jeune maîtresse, madame votre tante me fait signe de suivre.

— Suivons, mon ami, suivons, dit-elle; mais vous êtes à pied, monsieur Goefle! Montez sur le siége, vous ne pourrez pas suivre autrement.

— Que dira votre tante?

Christian sauta sur le siége, pensant avec regret que la conversation était finie; mais Marguerite ferma la glace de côté et ouvrit celle de devant. Le siége où se trouvait Christian était de niveau avec cette glace. Le traîneau ne faisait pas le moindre bruit sur la neige, que suivait Péterson en dehors du chemin frayé, car il avait perdu son rang dans la bande. En outre, le brave homme n'entendait pas un mot de français: la conversation continua.

— Que se passe-t-il donc au château? demanda Christian essayant de détourner de lui l'attention que lui accordait Marguerite. Je n'ai pas vu le baron ici; il me semble qu'on le reconnaîtrait à sa taille comme M. Stangstadius à sa démarche.

— Le baron est enfermé, sous prétexte d'affaires pressantes et imprévues. Cela veut dire qu'il est plus malade. Personne n'en est dupe. On a vu sa bouche de travers et son œil dérangé. Savez-vous qu'après tout c'est un homme extraordinaire, de lutter contre la mort!... Il devait courir, comme cela, cette nuit avec les jeunes gens, et il eût certes gagné le prix : il a de si bons chevaux! On annonce une chasse à l'ours pour demain. Ou le baron chassera et tuera son ours, ou le baron sera porté en terre avant que l'on ait songé à décommander la chasse. L'un est aussi possible que l'autre. Cela fait, pour tout le monde ici, une situation bien singulière, n'est-ce pas? Il semble que l'homme de neige prenne plaisir à voir combien il a peu d'amis, puisque l'on continue à se divertir chez lui comme si de rien n'était.

— Pourtant, Marguerite, vous admirez son courage, et il réussit à produire, même sur vous, l'effet qu'il désire.

— Mon cher confident, reprit Marguerite gaiement, sachez qu'à présent je n'ai presque plus d'aversion pour le baron. Il me devient indifférent, et je lui pardonne tout. Il épouse... mais c'est un secret que j'ai surpris et qu'il faut garder, entendez-vous? Il ne m'épouse pas, et j'ai le bonheur de rester libre... et pauvre...

— Pauvre! Je croyais que vous aviez au moins de l'aisance?

— Eh bien, il n'en est rien. Je me suis querellée aujourd'hui avec ma tante, toujours à propos du baron; alors elle m'a déclaré qu'elle ne me donnerait rien pour m'établir, et qu'elle ferait valoir ses droits sur le petit héritage que m'a laissé mon père, vu qu'elle lui avait prêté dans le temps je ne sais combien de ducats... pour... Je n'y ai rien compris, sinon que me voilà ruinée!

— Ah! Marguerite, s'écria Christian involontairement, si j'étais riche et bien né!... Voyons! ajouta-t-il en lui saisissant la main, car elle avait fait le mouvement de se rejeter au fond de la voiture, ce n'est pas une déclaration que j'ai l'audace de vous faire. De ma part, elle serait insensée, je n'ai rien au monde, et je n'ai pas de famille; mais vous m'avez permis l'amitié : ne puis-je vous dire que, si j'étais riche et noble, je voudrais partager avec vous comme avec ma sœur?

— Merci, Christian, répondit Marguerite tremblante, bien que rassurée; je vois la bonté de votre cœur, je sais l'intérêt que vous me portez... Mais pourquoi me dites-vous que vous êtes sans famille, quand le nom de votre oncle est si honorable?...

Puis elle ajouta en s'efforçant de rire :

— N'admirez-vous pas que j'ai l'air de vous dire... quelque chose assurément à quoi je ne pense pas? Non, je n'ai pas à vos yeux cet air-là; vous n'êtes pas un fat, vous! Vous êtes tout confiant comme moi, et vous comprenez bien que, si je vous interroge, c'est parce que je me préoccupe des chances de bonheur que vous avez dans la vie, avec n'importe qui. Dites-moi donc pourquoi vous vous tourmentez de votre naissance, que bien des gens pourraient envier?

— Ah! Marguerite, s'écria Christian, vous voulez le savoir, et je voulais vous le dire, moi! Voilà que nous arrivons tout à l'heure, et que je vais vous quitter, cette fois, pour toujours. Je ne veux pas vous laisser de moi un souvenir usurpé au prix d'un mensonge. Ne pouvant prétendre qu'à votre dédain et à votre oubli, je les accepte, c'est tant pis pour moi! Sachez donc que Christian Goefle n'existe pas, M. Goefle n'a jamais eu ni fils ni neveu.

— Ce n'est pas vrai! s'écria Marguerite. Il l'a dit aujourd'hui au château. Tout le monde l'a répété, mais personne ne l'a cru. Vous êtes son fils... par mariage secret; il vous reconnaîtra, il vous adoptera, cela est impossible autrement!

— Je vous jure sur l'honneur que je ne lui suis rien, et qu'hier matin il ne me connaissait pas plus que vous ne me connaissiez.

— Sur l'honneur! vous jurez sur l'honneur!... Mais,

si vous n'êtes pas Christian Goefle, je ne vous connais pas, moi ! et je n'ai pas de raisons pour vous croire. Si vous êtes Christian Waldo... un homme qui, dit-on, peut contrefaire toutes les voix humaines... Ah ! tenez, je m'y perds ; mais j'ai bien du chagrin... et je doute encore, Dieu merci !

— Ne doutez plus, hélas ! Marguerite, dit Christian, qui venait de sauter à terre ; la voiture s'arrêtait. Regardez-moi, et sachez bien que l'homme qui vous a voué le plus profond respect et le plus absolu dévouement est bien le même qui vous jure sur l'honneur être le véritable Christian Waldo.

En même temps, Christian releva sur son front le masque de soie, se mit résolûment dans la lumière du fanal, et montra son visage en se penchant vers la portière. Marguerite, en reconnaissant son ami de la veille, étouffa un cri de douleur trop éloquent peut-être, et cacha sa figure dans ses mains, tandis que Christian, rabaissant son masque, disparaissait dans la foule des valets et des paysans accourus pour voir la fête.

Il eut bientôt rejoint M. Goefle, qu'il était question de porter en triomphe, vu qu'il était arrivé, non pas le premier (il était arrivé le dernier), mais parce qu'il avait fait une prouesse imprévue en attrapant au vol avec son fouet la perruque de Stangstadius, qui s'était juché sur le traîneau de Larrson en dépit du jeune major. Certes, M. Goefle ne l'avait pas fait exprès; le bout de son fouet, lancé au hasard, s'était noué autour de la queue de la perruque par une de ces chances que l'on peut appeler invraisemblables, parce qu'elles arrivent à peine une fois sur mille. Le chapeau du savant, arraché par les efforts que faisait M. Goefle pour dégager son fouet, avait été s'abattre comme un oiseau noir sur la neige; la perruque avait suivi la queue, la queue n'avait pas voulu quitter la mèche du fouet, que M. Goefle n'avait pas eu le loisir de dénouer, et qui, ainsi terminée en masse chevelue bourrée de poudre, avait perdu toute sa vertu, tout son effet stimulant sur les flancs du généreux Loki. Dans le premier moment du triomphe, le vainqueur Larrson n'avait rien vu; mais les cris et les injures de Stangstadius, qui redemandait sa perruque à tout le monde et qui s'était enveloppé la tête de son mouchoir, attirèrent bientôt l'attention.

— C'est lui ! s'écriait le géologue indigné en montrant M. Goefle masqué; c'est ce bouffon italien, l'homme au masque de soie! Il l'a fait exprès, le drôle! Attends, attends, va, coquin d'histrion ! je vais te donner cent soufflets pour t'apprendre à railler un homme comme moi !

Un immense éclat de rire avait accueilli la colère

de Stangstadius, et le nom de Christian Waldo avait été acclamé par tout le personnel de la course; mais bientôt la scène avait changé. Stangstadius, irrité des rires de cette impertinente jeunesse, s'était élancé vers le ravisseur de sa perruque, lequel, debout sur son char, montrait piteusement la cause de sa défaite, semblable à un poisson au bout d'une ligne. Au moment où M. Goefle, déguisant sa voix, accusait Stangstadius, en termes comiques, de lui avoir joué ce mauvais tour pour l'empêcher de fouetter son cheval et d'arriver au but honorablement, le savant, qui, de ses jambes inégales et de ses bras crochus, était agile comme un singe, grimpa derrière lui, lui arracha son chapeau et son masque, et ne s'arrêta dans ses projets de vengeance qu'en reconnaissant avec surprise son ami Goefle, à l'instant salué par un applaudissement unanime.

Bien que M. Goefle ne fût pas connu de tous ceux qui se trouvaient là, son nom, crié par plusieurs, fut acclamé avec sympathie. Les Suédois sont très-fiers de leurs célébrités, et particulièrement des talents qui font valoir leur langue. D'ailleurs, l'honorable caractère du docteur en droit et son esprit renommé lui assuraient l'affection et le respect de la jeunesse. On voulut le proclamer vainqueur de la course, et il eut beaucoup de peine à empêcher le bon major de lui céder le prix, qui consistait dans une corne à boire curieusement ciselée, ornée de caractères runiques en argent. C'était une copie exacte d'une antiquité précieuse faisant partie du cabinet du baron, et trouvée dans les fouilles exécutées dans le hogar quelques années auparavant.

— Non, mon cher major, disait M. Goefle en remettant dans sa poche son masque désormais inutile, tandis que Stangstadius remettait sa perruque sur sa tête, je n'ai couru que pour l'honneur, et mon honneur, c'est-à-dire celui de mon cheval, n'étant point entaché pour quelques secondes de retard en dépit de cette malencontreuse perruque, je suis fier de Loki et content de moi. Je serais encore plus content, ajouta-t-il en mettant pied à terre, si je savais ce qu'est devenu le couvre-chef de ce pauvre animal qui va s'enrhumer.

— Le voici, lui dit Christian tout bas en s'approchant de M. Goefle; mais, puisque vous vous êtes fait reconnaître, il ne me reste plus qu'à déguerpir, mon cher oncle; Christian Waldo pouvait avoir un domestique masqué, mais vous, ce serait invraisemblable.

— Non pas, non pas, Christian, je ne vous quitte point, répondit M. Goefle. Nous donnons ensemble un coup d'œil à l'aspect du lac vu du sommet du hogar, et nous retournons ensemble au Stollborg. Tenez, confions mon cheval à un de ces paysans, et grimpons là-haut. Prenons ce sentier, échappons aux curieux, car tout masque noir intrigue, et je vois qu'on va nous entourer et nous questionner.

XI

Tandis que Christian et M. Goefle s'éloignaient furtivement derrière le tumulus, le gros de la société retournait au château neuf, trouvant l'ascension du hogar trop pénible et la nuit trop froide. On avait pourtant préparé, dans une excavation à mi-côte, une sorte de tente où il avait été question de prendre le punch; mais les dames refusèrent, et les hommes les suivirent peu à peu. Quand, au bout d'une demi-heure, Christian et l'avocat descendirent de la plateforme, où fondait la statue, trop chauffée par le voisinage des torches de résine, ils entrèrent par curiosité dans cette grotte garnie et fermée de tentures goudronnées, et ils n'y trouvèrent que Larrson avec son lieutenant. Les autres jeunes gens, esclaves de leurs amours qui se retiraient, ou de leurs chevaux qu'ils craignaient de laisser enrhumer, étaient repartis ou en train de partir. Osmund Larrson était un aimable jeune homme qui faisait bien son possible pour avoir l'esprit français, mais qui, heureusement pour lui, avait le cœur tout à sa patrie. Le lieutenant Ervin Osburn était une de ces bonnes grosses natures tranchées qui ne peuvent même pas essayer de se modifier. Il avait toutes les qualités d'un excellent officier et d'un excellent citoyen avec toute la bonhomie d'un homme bien portant et qui ne se creuse pas la tête sur ce dont il n'a que faire. Larrson était son ami, son chef et son dieu. Il ne le quittait pas plus que son ombre, et ne remuait pas un doigt sans son avis. Il l'avait consulté même pour le choix de sa fiancée.

Dès que ces deux amis aperçurent M. Goefle, ils s'élancèrent vers lui pour le retenir, en jurant qu'il ne quitterait pas le hogar sans qu'il leur eût fait l'honneur de trinquer avec eux. Le punch était prêt, il n'y avait plus qu'à l'allumer.

— Je veux, s'écria Larrson, pouvoir dire que j'ai bu et fumé dans le hogar du lac, la nuit du 26 au 27 décembre, avec deux hommes célèbres à différents titres, M. Edmund Goefle et Christian Waldo.

— Christian Waldo! dit M. Goefle; où le prenez-vous?

— Là, derrière vous. Il est déguisé en pauvre quidam, il est masqué, mais c'est égal; il a perdu un de ses gros vilains gants, et je reconnais sa main blanche, que j'ai vue à Stockholm par hasard et que j'ai considérée si attentivement, que je la reconnaîtrais entre mille! Tenez, monsieur Christian Waldo, vous avez la main très-belle; mais elle offre une particularité : votre petit doigt de la main gauche est légèrement courbé en dessous, et vous ne pouvez pas l'ouvrir tout à fait, même quand vous ouvrez la main avec franchise et de tout cœur. Ne vous souvient-il pas d'un officier qui, à Stockholm, vous vit sauver un petit mousse de la fureur de trois matelots ivres? C'était sur le port, vous sortiez de votre baraque, vous étiez encore masqué; votre valet s'enfuit. L'enfant, sans vous, eût péri : vous en souvenez-vous?

— Oui, monsieur, répondit Christian; cet officier, c'était vous qui passiez, et qui, tirant le sabre, avez mis ces ivrognes en fuite; après quoi, vous m'avez fait monter dans votre voiture. Sans vous, j'étais assommé.

— C'eût été un homme de cœur de moins, dit Larrson. Voulez-vous me donner encore une poignée de main comme là-bas?

— De tout mon cœur, répondit Christian en serrant la main du major.

Puis, ôtant son masque :

— Je n'ai pas coutume, dit-il en s'adressant à

M. Goefle, de cacher ma figure aux gens qui m'inspirent de la confiance et de l'affection.

— Quoi! s'écrièrent ensemble le major et son lieutenant, Chistian Goefle, notre ami d'hier au soir?

— Non, Christian Waldo, qui avait volé le nom de M. Goefle, et à qui M. Goefle a bien voulu pardonner une grande impertinence. Dès cette nuit, je vous avais reconnu, major.

— Ah! très-bien. Vous avez assisté au bal en dépit des préjugés du baron, lequel n'avait peut-être pas eu le bon esprit de vous inviter à y paraître.

— Ce n'est l'usage en aucun pays d'inviter comme convive un homme payé pour faire rire les convives. Je n'aurais donc pas eu lieu de trouver mauvais que l'on me mît à la porte, et je m'y suis exposé; ce qui est une sottise. Pourtant, j'ai une excuse; je voyage pour connaître les pays que je parcours, pour m'en souvenir et pour les décrire. Je suis une espèce d'écrivain observateur qui prend des notes, ce qui ne veut pas dire que je sois un espion diplomatique. Je m'occupe de beaux-arts et de sciences naturelles plus que de mœurs et de coutumes; mais tout m'intéresse, et, ayant ailleurs déjà vécu dans le monde, il m'a pris envie de revoir le monde, chose curieuse, le monde avec tout son luxe, au fond des montagnes, des lacs et des glaces d'un pays en apparence inabordable. Seulement, il paraît que ma figure a fort déplu au baron, et voilà pourquoi je suis rentré aujourd'hui chez lui sous mon masque. Vous me donniez, hier au soir, le conseil de n'y pas rentrer du tout?

— Et nous vous le donnerions encore, cher Christian, répondit le major, si le baron se fût rappelé l'incident de la nuit dernière; mais son mal paraît le lui avoir fait oublier. Prenez garde pourtant à ses valets. Cachez votre visage et parlons français, car voici des gens à lui qui nous apportent le punch et qui peuvent vous avoir vu au bal.

Un vaste bol d'argent, plein de punch enflammé, fut posé sur une table de granit brut, et le major en fit les honneurs avec gaîté. Pourtant M. Goefle, si animé l'instant d'auparavant, était devenu tout à coup rêveur, et, comme dans la matinée, il semblait partagé entre le besoin de s'égayer et celui de résoudre un problème.

— Qu'est-ce que vous avez donc, mon cher *oncle?* lui dit Christian en remplissant son verre; me blâmez-vous d'avoir mis ici l'incognito de côté?

— Nullement, répondit l'avocat, et, si vous le voulez, je raconterai succinctement à ces messieurs votre histoire, pour leur prouver qu'ils ont raison de vous traiter en ami.

— Oui, oui, l'histoire de Christian Waldo! s'écrièrent les deux officiers. Elle doit être bien curieuse, dit le major, et, si elle doit rester secrète, nous jurons sur l'honneur...

— Mais elle est trop longue, dit Christian. J'ai encore deux jours à passer chez le baron. Prenons un rendez-vous plus sûr et plus chaud.

— C'est cela, dit M. Goefle. Messieurs, venez nous voir au Stollborg demain, nous dînerons ou nous souperons ensemble.

— Mais, demain, repondit le major, c'est la chasse à l'ours; n'y viendrez-vous pas tous les deux?

— Tous les deux? Non; moi, je ne suis pas chasseur, et je n'aime pas les ours; quant à Christian, ce n'est pas sa partie. Voyez un peu, si un ours venait à lui manger une main... Il n'en a pas trop de deux pour faire agir ses marionnettes. Montrez-la-moi donc, Christian, votre main: c'est singulier, cette courbure de votre petit doigt! Je ne l'avais pas remarquée, moi! C'est une blessure, n'est-ce pas?

— Non, répondit Christian, c'est de naissance. Et, montrant sa main gauche, il ajouta:

— C'est moins apparent de ce côté-ci, et pourtant cela existe aux deux mains; mais cela ne me gêne nullement.

— C'est singulier, très-singulier! répéta M. Goefle

en se grattant le menton comme il avait coutume de faire quand il était intrigué.

Ce n'est pas si singulier, reprit Christian. J'ai vu cette légère difformité chez d'autres personnes... Tenez, je l'ai remarquée chez le baron de Waldemora. Elle est même beaucoup plus sensible que chez moi.

— Eh! parbleu! précisément; c'est à quoi je songeais. Il a les deux petits doigts complétement fermés. Vous avez remarqué cela aussi, messieurs?

— Très-souvent, dit Larrson, et, devant Crhistian Waldo, qui donne aux malheureux presque tout ce qu'il gagne, on peut dire, sans crainte d'allusion, que ces doigts fermés sont réputés un signe d'avarice.

— Pourtant, dit M. Goefle, le baron ne ménage pas l'argent. On pourrait dire, je le sais bien, que sa magnificence est pour lui une raison de plus d'aimer la richesse à tout prix; mais son père était très-désintéressé et son frère excessivement généreux. Donc, les doigts fermés ne prouvent rien.

— Retrouvait-on les mêmes particularités chez le père et le frère du baron? demanda Christian.

— Oui, et très-marquée, à ce que l'on m'a dit. Un jour, en examinant avec attention les portraits de famille du baron, j'ai constaté avec surprise plusieurs ancêtres à doigts recourbés. N'est-ce pas une chose très-bizarre ?

— Espérons, dit Christian, que je n'aurai jamais d'autre ressemblance avec le baron. Quant à la chasse à l'ours, dussé-je y perdre mes deux mains *difformes*, je meurs d'envie d'en être, et j'irai certainement pour mon compte.

— Venez avec nous, s'écria Larrson ; j'irai vous prendre dès le matin.

— De grand matin ?

— Ah ! oui, certes ! avant le jour.

— C'est-à-dire, reprit Christian en souriant, un peu avant midi ?

— Vous calomniez notre soleil, dit le lieutenant ; il sera levé dans sept ou huit heures.

— Alors... allons dormir !

— Dormir ! s'écria M. Goefle ; déjà ? Le punch ne nous le permettra pas, j'espère ! Je ne fais que commencer à me remettre de l'émotion que m'a causée la perruque de Stangstadius. Laissez-moi respirer, Christian ; je vous croyais plus gai ! Vous ne l'êtes pas du tout ce soir, savez-vous ?

— Je l'avoue, je suis mélancolique comme un Anglais, répondit Christian.

— Pourquoi cela, voyons, mon neveu ? car vous êtes mon neveu, je n'en démords pas en particulier, bien que je vous aie lâchement renié en public. Pourquoi êtes-vous triste ?

— Je n'en sais rien, cher oncle ; c'est peut-être parce que je commence à devenir saltimbanque.

— Expliquez votre aphorisme.

— Il y a trois mois que je montre les marionnettes, c'est déjà trop. Dans une autre phase de ma vie que je vous ai racontée, j'ai fait le même métier pendant environ le même espace de temps, et j'ai éprouvé, quoique à un moindre degré (j'étais plus jeune), ce que j'éprouve maintenant, c'est-à-dire une grande excitation suivie de grands abattements, beaucoup de dégoût et de nonchalance pour me mettre à la besogne, une fièvre de verve, un débordement de gaieté ou d'émotion quand j'y suis, un grand accablement et un véritable mépris de moi-même quand j'ôte mon masque et redeviens un homme aussi rassis qu'un autre.

— Bah ! ce que vous racontez là, c'est ma propre histoire ; il m'en arrive autant pour plaider. Tout orateur, tout comédien, tout artiste ou tout professeur forcé de se battre les flancs pendant une moitié de sa vie pour instruire, éclairer ou divertir les autres, est las du genre humain et de lui-même quand le rideau tombe. Je ne suis gai et vivant ici, moi, que parce que je n'ai pas plaidé depuis quatre ou cinq jours. Si vous me surpreniez dans mon cabinet, rentrant de l'audience, criant après ma gouvernante qui ne m'apporte pas mon thé assez vite, après les clients qui m'assiégent, après les portes de ma maison qui grincent... Que sais-je ? Tout m'exaspère... Et puis je tombe dans mon fauteuil, je prends un livre d'histoire ou de philosophie... ou un roman, et je m'endors délicieusement dans l'oubli de ma maudite profession.

— Vous vous endormez *délicieusement*, monsieur Goefle, parce que vous avez, en dépit de vos nerfs malades, la conscience d'avoir fait quelque chose d'utile et de sérieux.

— Hom, hom ! pas toujours ! On ne peut pas toujours plaider de bonnes causes, et, même en plaidant les meilleures, on n'est jamais sûr de plaider précisément le juste et le vrai. Croyez-moi, Christian, il n'y a pas de sots métiers, dit-on : moi, je dis qu'ils le sont tous ; c'est ce qui fait que peu importe celui qui donne carrière au talent. Ne méprisez pas le vôtre : tel qu'il est, il est cent fois plus moral que le mien.

— Oh ! oh ! monsieur Goefle, vous voilà dans un beau paradoxe ! Allez, allez, nous vous écoutons. Vous allez plaider cela avec éloquence.

— Je n'aurai pas d'éloquence, mes enfants, dit

M. Goefle, pressé par les deux officiers comme par Christian de donner carrière à son imagination. Ce n'est pas ici le lieu de sophistiquer, et je suis en vacances. Je vous dirai tout bonnement que le métier d'amuser les hommes par des fictions est le premier de tous... le premier en date, c'est incontestable : aussitôt que le genre humain a su parler, il a inventé des mythologies, composé des chants et récité des histoires ; le premier au point de vue de l'utilité morale, je le soutiendrais contre l'université et contre Stangstadius lui-même, qui ne croit qu'à ce qu'il touche. L'homme ne profite jamais de l'expérience ; vous aurez beau lui apprendre l'histoire authentique : il repassera sans cesse, de moins en moins, si vous le voulez, mais toujours proportionnellement à son degré de civilisation, dans les mêmes folies et les mêmes fautes. Est-ce que notre propre expérience nous profite à nous-mêmes? Moi, qui sais fort bien que demain je serai malade pour avoir fait le jeune homme cette nuit, vous voyez que je m'en moque ! Ce n'est donc pas la raison qui gouverne l'homme, c'est l'imagination, c'est le rêve. Or, le rêve, c'est l'art, c'est la poésie, c'est la peinture, la musique, le théâtre... Attendez, messieurs, que je vide mon verre avant de passer à mon second point.

— A votre santé, monsieur Goefle, s'écrièrent les trois amis.

— A votre santé, mes enfants! Je continue. Je ne considère pas Christian Waldo comme un montreur de marionnettes. Qu'est-ce qu'une marionnette? Un morceau de bois couvert de chiffons. C'est l'esprit et l'âme de Christian qui font l'intérêt et le mérite de ses pièces. Je ne le considère pas non plus seulement comme un acteur, car il ne lui suffirait pas de varier son accent et de changer de voix à chaque minute pour nous émouvoir : ce n'est là qu'un tour d'adresse. Je le considère comme un auteur, car ses pièces sont de petits chefs-d'œuvre, et rappellent ces mignonnes et adorables compositions musicales qu'ont faites d'illustres maîtres de chapelle italiens et allemands pour des théâtres de ce genre. C'était de la musique pour les enfants, disaient-ils avec modestie. En attendant, les connaisseurs en faisaient leurs délices. Donc, messieurs, rendons à Christian Waldo la justice qui lu est due.

— Oui, oui, s'écrièrent les deux officiers, que le punch rendait expansifs, vive Christian Waldo! C'est un homme de génie.

— Pas tout à fait, répondit Christian en riant ; mais je vois ici la cause du mépris de *mon oncle* pour le métier d'avocat. Il peut soutenir et faire accepter les plus énormes mensonges.

— Taisez-vous, mon neveu, vous n'avez pas la parole! Je dis que... Mais tu n'es qu'un ingrat, Christian! Tu n'es pas avocat, et tu te plains! Tu peux chercher la vérité générale sous toutes les fictions possibles, et tu te lasses de la faire aimer aux hommes! Tu as de l'esprit, du cœur, de l'instruction, du savoir-vivre, et tu te qualifies de saltimbanque pour rabaisser ton œuvre et l'abandonner peut-être! Voyons, malheureux, est-ce là ton idée?

— Oui, c'est ma résolution, répondit Christian, j'en ai assez. J'ai cru que je pourrais aller plus longtemps, mais l'incognito prolongé me fatigue comme une puérilité indigne d'un homme sérieux. Il faut que je trouve le moyen de voyager sans mendier. J'ai bien cherché déjà. C'est un grand problème à résoudre pour qui n'a rien. L'homme qui se fixe trouve toujours du travail; celui qui veut marcher est bien embarrassé aujourd'hui. Dans l'antiquité, monsieur Goefle, voyager signifiait conquérir la terre au profit de l'intelligence humaine. Les hommes le sentaient, c'était une auguste mission, l'initiation des âmes d'élite. Aussi le voyageur était-il un être sacré pour les populations, qui saluaient son arrivée avec respect et qui venaient chercher auprès de lui des nouvelles de l'humanité. Aujourd'hui, si le voyageur n'est pas quelque peu riche, il faut qu'il se fasse mendiant, voleur ou histrion...

— Histrion! s'écria M. Goefle; pourquoi ce terme de mépris? L'histrion, que j'appellerai, moi, du nom de *fabulateur*, parce que c'est l'interprète de l'œuvre d'imagination (*fabulata*), a pour but de détourner l'homme du positif de la vie, et, comme la majorité de notre sotte espèce est prosaïque et brutalement attachée aux intérêts matériels, les Cassandre qui gouvernent l'opinion repoussent les poëtes et leurs organes. S'ils l'osaient, ils repousseraient encore bien plus les prédicateurs, qui leur parlent du ciel, et la religion, qui est une guerre aux passions étroites, une doctrine d'idéalisme; mais on ne se révolte pas contre l'idéalisme présenté comme une vérité révélée. On n'ose pas. On le repousse quand il vient vous dire naïvement : « Je vais vous prouver le beau et le bien par des symboles et des fables. »

— Et pourtant, dit Christian, les livres sacrés sont remplis d'apologues. C'est la prédication des âges de foi et de simplicité. Tenez, monsieur Goefle, la cause du préjugé n'est pas précisément où vous la cherchez, ou du moins elle n'y est que par la déduction d'un fait que je vais vous signaler. Le comédien n'a pas de liens réels avec le reste de la société. Il ne rend pas de services effectifs en tant que comédien, et les hommes ne s'estiment entre eux qu'en raison d'un échange de services. Considérez que toutes les autres professions sont étroitement liées au sort de chacun dans la société, même le prêtre qui, pour les incrédules, est encore l'officier indispensable à leur état civil. Quant aux autres fonctionnaires, chaque homme voit en eux son espoir ou son appui à un moment donné. Le médecin lui fait espérer la santé, le juge et l'avocat représentent le gain de sa cause, le spéculateur peut lui donner la fortune, le commerçant lui procure les denrées, le soldat protége sa sécurité, le savant favorise les progrès de son industrie par ses découvertes, tout professeur d'une branche quelconque des connaissances humaines lui offre l'instruction nécessaire aux divers emplois : le comédien seul lui parle de tout et ne lui donne rien... que de bons conseils qu'il lui fait payer à la porte, et que son auditeur eût pu prendre gratis de lui-même.

— Eh bien, s'écria M. Goefle, quel est cet ergotage ? Ne sommes-nous pas d'accord ? Tu ne fais que prouver que ce que je disais. Tout ce qui est imagination et sentiment est méprisé par le vulgaire.

— Non, monsieur Goefle, mais le sentiment infécond, l'imagination improductive ! Que voulez-vous !

il y a quelque chose de juste dans l'opinion du bourgeois qui peut dire au comédien : « Tu me parles de vertu, d'amour, de dévouement, de raison, de courage, de bonheur ! C'est ton état d'en parler ; mais, puisque ton état ne te donne que la parole, n'exige pas que je voie en toi autre chose qu'un vain discoureur. Si tu es quelque chose de plus, descends de ces tréteaux tout à l'heure et m'aide à arranger ma vie comme tu réussis dans ta pièce à arranger ta fiction. Guéris ma goutte, plaide mon procès, enrichis ma maison, marie ma fille avec celui qu'elle aime, place mon gendre, et, si tu n'es pas bon à tout cela, fais-moi des souliers ou pave ma cour ; fais quelque chose enfin en échange de l'argent que je te donne. »

— D'où tu conclus ?... dit M. Goefle.

— D'où je conclus qu'il faut que tout homme ait un état qui serve directement aux autres hommes, et que le préjugé contre le comédien et le *fabulateur* en général cessera le jour où le théâtre sera gratuit, et où tous les gens d'esprit capables de bien représenter se feront, par amour de l'art, fabulateurs et comédiens à un moment donné, quelle que soit d'ailleurs leur profession.

— Voilà, j'espère, un rêve qui dépasse tous mes paradoxes !

— Je ne dis pas le contraire; mais, il y a deux cents ans, on ne croyait pas à l'Amérique, et l'on verra, je crois, dans deux cents ans, des choses plus extraordinaires que toutes celles que nous pouvons rêver.

On avala le reste du punch sur cette conclusion, et Christian voulut prendre congé de M. Goefle, qui semblait d'humeur à aller danser une courante au château neuf avec les jeunes officiers; mais le docteur en droit ne voulut pas quitter son ami, qui avait réellement besoin de repos, et, après s'être promis de se revoir le lendemain, ou plutôt le jour même, puisqu'il était deux heures du matin, chacun alla reprendre sa voiture.

— Voyons, Christian, dit M. Goefle quand ils furent côte à côte sur le traîneau qui les ramenait au Stollborg, est-ce sérieusement que tu parles de...? A propos, je m'aperçois que j'ai pris, je ne sais où et je ne sais quand, l'habitude de vous tutoyer!

— Gardez-la, monsieur Goefle, elle m'est agréable.

— Pourtant... je ne suis pas d'âge à me permettre... Je n'ai pas encore la soixantaine, Christian; ne me prenez pas pour un patriarche!

— Dieu m'en garde! Mais, si le tutoiement est dans votre bouche un signe d'amitié...

— Oui, certes, mon enfant! Or, je continue : dis-moi donc...

Ici, M. Goefle fit une assez longue pause, et Christian le crut endormi ; mais il se ramina pour lui dire tout à coup :

— Répondez, Christian : si vous étiez riche, que feriez-vous de votre argent ?

— Moi ? dit le jeune homme étonné. Je tâcherais d'associer le plus de gens possible à mon bonheur.

— Tu serais donc heureux ?

— Oui, je partirais pour faire le tour du monde.

— Et après ?

— Après...? Je n'en sais rien... J'écrirais mes voyages.

— Et après ?

— Je me marierais pour avoir des enfants... J'adore les enfants !

— Et tu quitterais la Suède ?

— Qui sait ? Je n'ai de liens nulle part. Le diable m'emporte si... Ne croyez pas que j'exagère, je ne suis pas gris, mais je me sens pour vous, monsieur Goefle, une affection prononcée, et je veux être pendu si le plaisir de vivre près de vous n'entrerait pas pour beaucoup dans ma résolution !... Mais de quoi parlons-nous là ? Je n'ai pas le goût des châteaux en Espagne, et je n'ai jamais rêvé la fortune... Dans deux jours, j'irai je ne sais où et n'en reviendrai peut-être jamais !

Quand les deux amis furent entrés dans la chambre de l'ourse, ils avaient si bien oublié qu'elle était hantée, qu'ils se couchèrent et s'endormirent sans songer à reprendre leurs commentaires sur l'apparition de la veille.

De leurs lits respectifs, ils essayèrent de continuer la conversation ; mais, bien que M. Goefle fût encore un peu excité et que Christian mît la meilleure grâce du monde à lui donner la réplique, le sommeil vint bientôt s'abattre comme une avalanche de plumes sur les esprits du jeune homme, et le docteur en droit, après avoir maugréé contre Nils, qui ronflait à faire trembler les vitres, prit le parti de s'endormir aussi.

En ce moment, le baron de Waldemora s'éveillait au château neuf. Lorsque, d'après son ordre, Johan entra chez lui, il le trouva assis sur son lit et à demi-vêtu.

— Il est trois heures, monsieur le baron, lui dit le majordome. Avez-vous un peu reposé?

— J'ai dormi, Johan, mais bien mal ; j'ai rêvé marionnettes toute la nuit.

— Eh bien, mon maître, ce n'est pas un rêve triste, cela ! ces marionnettes étaient fort drôles.

— Tu trouves, toi ? Allons, soit !

— Mais vous avez ri vous-même ?

— On rit toujours. La vie est un rire perpétuel...
un rire bien triste, Johan !

— Voyons, mon maître, pas d'idées noires. Qu'avez-vous à m'ordonner ?

— Rien ! si je dois mourir aujourd'hui, qui pourra l'empêcher ?

— Mourir ! où diable prenez-vous cela ? Vous avez une mine admirable ce matin !

— Mais si on m'assassinait ?

— Qui donc aurait cette pensée ?

— Beaucoup de gens ; mais surtout l'homme du bal, celui dont la figure et la menace...

— Le prétendu neveu de l'avocat ? Je ne comprends pas que vous vous tourmentiez de cette figure-là. Elle ne ressemble nullement à celle...

— Tais-toi, tu n'as jamais vu clair de ta vie, tu es myope !

— Oh ! que non !

— Mais un insolent qui, chez moi, devant tout le monde, ose me regarder en face et me défier !

— Cela vous est arrivé plus d'une fois, et vous en avez toujours ri.

— Et cette fois je suis tombé foudroyé !

— C'est ce maudit anniversaire ! Vous savez bien que, tous les ans, il vous rend malade, et puis vous l'oubliez.

— Je ne me reproche rien, Johan.

— Parbleu! croyez-vous que je vous reproche quelque chose?

— Mais que se passe-t-il dans ma pauvre tête pour que j'aie ces visions?

— Bah! c'est l'époque des grands froids. La chose arrive à tout le monde.

— Est-ce que cela t'arrive quelquefois?

— Moi? Jamais... Je mange beaucoup; vous, vous ne mangez rien. Voyons, il faut prendre quelque chose; du thé, au moins.

— Pas encore. Que penses-tu du récit de cet Italien?

— Ce Tebaldo? Vous ne m'en avez pas dit le premier mot!

— C'est vrai. Eh bien, je ne t'en dirai pas davantage.

— Pourquoi?

— C'est trop insensé. Cependant... crois-tu que l'avocat Goefle soit mon ennemi? Il doit être mon ennemi!

— Je n'en vois pas la raison.

— Je ne la vois pas non plus; je l'ai toujours largement payé, et son père m'était tout dévoué.

— Et puis c'est un homme d'esprit que M. Goefle,

un beau parleur, un homme du monde, et sans préjugés, croyez-moi.

— Tu te trompes! il ne veut pas plaider contre le Rosenstein. Il dit que j'ai tort; il m'a tenu tête aujourd'hui. Je le hais, ce Goefle!

— Déjà? Bah! attendez un peu. Promettez-lui une plus grosse somme que de coutume, et il trouvera que vous avez raison.

— Je l'ai fait. Il m'a fort mal répondu ce matin. Je te dis que je le hais!

— Eh bien, alors que voulez-vous *qu'il lui arrive?*

— Je ne sais pas encore, nous verrons; mais le vieux Stenson?

— Quoi, le vieux Stenson.

— Le crois-tu capable de m'avoir trahi?

— Quand ça?

— Je ne te demande pas quand. Le crois-tu dissimulé?

— Je le crois idiot.

— Idiot toi-même! Stenson est plus fin que toi, et que moi aussi peut-être. Ah! si l'Italien m'avait dit vrai!...

— Vous ne voulez donc pas que je sache ce qu'il vous a dit? Vous n'avez plus de confiance en moi? Alors tourmentez-vous, allez vous-même aux renseignements, et renvoyez-moi dormir.

— Johan, tu me grondes, dit le baron avec une douceur extraordinaire. Apaise-toi, tu sauras tout.

— Oui, quand vous aurez besoin de moi.

— J'en ai besoin tout de suite. Il faut que cet Italien produise ses preuves, s'il en a. On n'a rien trouvé sur lui?

— Rien. J'ai fouillé moi-même.

— Il me l'avait bien dit, qu'il n'avait rien. Et que pourrait-il avoir? Te souviens-tu de Manassé, toi?

— Je crois bien! un bonhomme qui a beaucoup vendu ici autrefois, et qui vendait cher.

— Il est mort.

— Ça m'est égal.

— C'est cet Italien qui l'a tué.

— Drôle d'idée! Pourquoi donc?

— Pour le voler probablement, et lui prendre une lettre.

— De qui?

— De Stenson,

— Intéressante?

— Oh! oui, certes, si elle contenait ce que prétend ce drôle.

— Eh bien, dites, si vous voulez que je comprenne.

Le baron et son confident parlèrent alors si bas,

que les murailles même ne les entendaient pas. Le baron était agité ; Johan haussait les épaules.

— Voilà, dit-il, un conte à dormir debout. Cette canaille de Tebaldo aura forgé cette histoire dans le pays sur des *on dit* pour vous tirer de l'argent.

— Il dit n'avoir jamais mis le pied en Suède avant ce jour et arrive tout droit de Hollande par Drontheim.

— C'est possible. Qu'importe? Il se sera renseigné par hasard dans les environs; on y débite sur vous tant de fables! Il est possible aussi qu'il ait rencontré dans ses voyages ce vieux Manassé, qui en avait recueilli sa part autrefois.

— Voyons, que faut-il faire?

— Il faut faire peur à M. l'Italien, ne pas vous laisser rançonner, et lui promettre...

— Combien?

— Deux ou trois heures dans notre *chambre des roses*.

— Il n'y croira pas! On lui aura dit qu'en Suède, sous le règne du vieux évêque, tout cela était rouillé.

— Croyez-vous que le capitaine de la grosse tour ait besoin de ces antiquailles pour faire tirer la langue à un homme de chair et d'os?

— Alors tu es d'avis...?

— Qu'on le couvre de roses jusqu'à ce qu'il avoue

qu'il a menti, ou jusqu'à ce qu'il dise où il a caché ses preuves.

— Impossible! Il criera, et le château est plein de monde.

— Et la chasse? Allez-y, mort ou vif, il faudra bien que tout le monde vous suive.

— Il reste toujours quelqu'un, ne fût-ce que les laquais de mes hôtes. Et les vieilles femmes? Elles diront que j'use d'un droit que l'État se réserve.

— Bah! bah! vous vous en moquez bien! Je me charge d'arranger cela, d'ailleurs : je dirai que c'est un pauvre diable qui a eu la jambe broyée, et que l'on opère.

— Et tu recevras ses révélations?

— Oui certes... Qui donc?

— J'aimerais mieux être là.

— Vous savez bien que vous avez le cœur tendre, et que vous ne pouvez pas voir souffrir.

— C'est vrai, cela me dérange l'estomac et les entrailles... J'irai à la chasse pour tout de bon.

— Allons, rendormez-vous en attendant l'heure, Je veillerai à tout.

— Et tu trouveras l'inconnu?

— Celui-là, ce doit être un compère. Nous ne le trouverons que par les aveux de Tebaldo.

— D'autant plus qu'il offrait de me livrer celui... Mais ce n'est peut-être pas le même !

— Je le confesserai sur tous les points, dormez tranquille.

— L'a-t-on fait jeûner, cet Italien?

— Parbleu !

— Alors va-t'en ; je vais essayer de reposer encore un peu... Tu m'as calmé, Johan... Tu as toujours des idées, toi ; moi, je baisse... Ah! que j'ai vieilli vite, mon Dieu !

Johan sortit en recommandant à Jacob de réveiller le baron à huit heures. Jacob était un valet de chambre qui couchait toujours dans un cabinet contigu à la chambre du baron. C'était un très-honnête homme, avec qui le baron jouait le rôle de bon maître, sachant bien qu'il est utile d'avoir quelques braves gens autour de soi, ne fût-ce que pour pouvoir dormir en paix sous leur garde.

Quant à Christian, qui dormait toujours très-bien, en quelque lieu et en quelque compagnie qu'il se trouvât, il se réveilla au bout de six heures de sommeil, et se leva doucement pour regarder le ciel. Le jour ne paraissait pas encore ; mais, comme le jeune homme allait se recoucher, il se rappela la partie de chasse qui devait probablement commencer à s'organiser en ce moment au château neuf. Christian n'était chasseur qu'en vue d'histoire naturelle. Adroit tireur, il n'avait jamais eu la passion de tuer du gibier pour tuer le temps et pour montrer son adresse ; mais une chasse à l'ours lui offrait l'intérêt d'une chose neuve, pittoresque, ou intéressante au point de vue zoologique. Il se sentit donc tout à coup et tout à fait réveillé, et parfaitement résolu à aller voir ce spectacle, sauf à ne pas le voir tout entier et à revenir à temps pour préparer sa représentation avec M. Goefle.

Comme, en s'endormant, il avait touché quelques mots de cette chasse au docteur en droit, et qu'il ne l'avait pas trouvé favorable à ce projet, dont, pour sa part, M. Goefle n'avait nulle envie, Christian prévit qu'il rencontrerait de l'opposition chez son bon oncle, et, se sachant complaisant, il prévit aussi qu'il céderait.

— Bah ! pensa-t-il, mieux vaut s'échapper sans bruit, en lui laissant deux mots au crayon pour qu'il ne s'inquiète pas de moi. Il sera un peu contrarié, il s'ennuiera de déjeuner seul ; mais il a encore à travailler, à causer avec M. Stenson : je rentrerai à temps peut-être pour qu'il ne s'aperçoive pas trop de son isolement.

Christian sortit doucement de la chambre de garde, s'habilla dans celle de l'ourse, mit, par habitude et par précaution, son masque sous son chapeau, et sortit par le *gaard*, qui était encore plongé dans le silence et l'obscurité. De là, Christian gagna le verger desséché par l'hiver, descendit au lac, et, se voyant, de ce côté, beaucoup plus près du rivage que par le sentier du nord, il traversa un court espace d'eau glacée, et se mit à marcher en terre ferme dans la direction du château neuf.

Dans le même moment, Johan traversait la glace du côté opposé et venait se mettre en observation au Stollborg, sans se douter du sol que son gibier venait de prendre.

FIN DU TOME DEUXIÈME

— Troyes, imp. et stér. de G. Bertrand. —

COLLECTION MICHEL LÉVY — Gr. in-18, 1 fr. le volume.

A. Achard. Parisiennes et Provinciales. Brunes et Blondes. Femmes honnêtes. Dernières Marquises.
A. Adam. Souv. d'un Musicien. Dern. Souvenirs d'un Musicien.
G. d'Alaux. L'Empereur Soulouque et son Empire.
Achim d'Arnim. (*Trad. Th. Gautier fils*). Contes bizarres.
A. Assollant. Hist. fantast. de Pierrot.
X. Aubryet. Femme de vingt-cinq ans.
E. Augier. Poésies complètes.
J. Autran. Milianah.
Th. de Banville. Odes funambulesques.
Ch. Barbara. Hist. émouvantes.
Roger de Beauvoir. Chevalier de Saint-Georges. Aventurier. et Courtisanes. Hist. cavalières. Mlle de Choisy. Chev. de Charny. Cabaret des Morts.
A. de Bernard. Portr. de la Marquise.
Ch. de Bernard. Nœud gordien. Homme sérieux. Gerfaut. Ailes d'Icare. Gentilh. campagnard, 2 v. Beau-père, 2 v. Paravent. Peau du Lion. L'Écueil. Théâtre et Poésies.
Mme C. Berton. Bonheur impossible. Rosette.
L. Bouilhet. Melænis.
R. Bravard. Petite Ville. L'honneur des Femmes.
A. de Bréhat. Scènes de la vie contemporaine. Bras d'acier.
Max Buchon. En Province.
H. Blaze. Music'ens contemporains.
E. Carlen (*Trad. de M. Souvestre*). Deux jeunes Femmes.
L. de Carné. Drame sous la Terreur.
Émile Carrey. Huit jours sous l'Équateur. Métis de la Savane. Révoltés du Para. Récits de Kabylie. Scènes de la vie en Algérie. Hist. et mœurs Kabyles.
C. de Chabrillan. Voleurs d'or. Sapho.
Champfleury. Excentriques. Avent. de Mlle Mariette. Réalisme. Souffr. du Prof. Delteil. Premiers Beaux-Jours. Usurier Blaizot. Souv. des Funambules. Bourgeois de Molinchart. Sensations de Josquin. Chien-Caillou.
*** Souvenirs d'un officier du 2me de Zouaves.
H. Conscience (*Trad. Wocquier*). Scènes de la Vie flamande, 2 v. Fléau du Village. Démon de l'Argent. Veillées Flamandes. Mère Job. Guerre des Paysans. Heures du Soir. L'Orpheline. Batavia. Aurélien, 2 v. Souvenirs de Jeunesse. Lion de Flandre, 2 v.
Cuv.-Fleury. Voyages et Voyageurs.
G. Dantragues. Histoires d'amour et d'argent.
Comt. Dash. Bals masqués. Jeu de la Reine. Chaîne d'Or. Fruit défendu. Chât. en Afrique. Poudre et la neige. Marquise de Parabère.
Général Daumas. Grand Désert. Chevaux du Sahara.
P. Deltuf. Aventures parisiennes. L'une et l'autre.
Ch. Dickens (*Trad. A. Pichot*). Nev. de ma Tante, 2 v. Contes de Noël.
Oct. Didier. Mad. Georges. Fille de Roi.
Alex. Dumas. Vie au Désert, 2 v. Maison de glace, 2 v. Charles le Téméraire, 2 v.
Alex. Dumas fils. Avent. de quatre Femmes. Vie à vingt ans. Antonine. Dame aux Camélias. Boîte d'Argent.
X. Eyma. Peaux noires. Femmes du Nouveau monde.
Paul Féval. Tueur de Tigres. Dernières Fées.
G. Flaubert. Madame Bovary, 2 v.
V. de Forville. Marq. de Pazaval. Conscrit de l'an VIII. Deux Belles-Sœurs.
Marc-Fournier. Monde et Comédie.
Th. Gautier. Beaux-Arts en Europe, 2 v. Constantinople. L'Humaine. Grotesques.
Mme Émile de Girardin. Marguerite. Nouvelles. Marquise de Pontanges. Contes d'une vieille Fille à ses Neveux. Poésies. Vicomte de Launay, 4 v.
L. Gozlan. Châteaux de France, 2 v. Not. de Chantilly. Émot. de Polydore Marasquin. Nuits du Père-Lachaise. Famille Lambert. Hist. de Cent trente Femmes. Médecin du Pecq. Dernière Sœur grise. Dragon rouge. Comédie et Comédiens. Marquise de Belvérano. (Balzac et Vidocq.
Hildebrand (*Trad. Wocquier*). Scènes de la Vie hollandaise. Chambre obscure.
Hoffmann (*Trad. Champfleury*). Contes posthumes.
A. Houssaye. Femmes comme elles sont. L'Amour comme il est. Pécheresse.
Ch. Hugo. Chaise de paille. Bohème dorée, 2 v. Cochon de saint Antoine.
F. V. Hugo (*Trad.*). Sonnets de Shakspeare. Faust anglais de Marlowe.
F. Hugonnet. Souv. d'un Chef de bureau africain.
J. Janin. Chem. de traverse. Contes littér. Contes fantastiq. L'Âne mort. Confession. Cœur pour deux Amours.
Ch. Jobey. Amour d'un Nègre.
A. Karr. Les Femmes. Agathe et Cécile. Promen. hors de mon Jardin. Sous les Tilleuls. Poignée de Vérités. Voy. autour de mon Jardin. Soirées de Sainte-Adresse. Pénélope normande. Encore les Femmes. Trois Cents Pages. Guêpes, 6 v. Menus Propos. Sous les orangers. Les Fleurs. Raoul. Roses noires et Roses bleues.
L. Kompert *Trad. D. Stauben*). Scènes du Ghetto. Juifs de la Bohème.
A. de Lamartine. Les Confidences. Nouv. Confidences. Touss. Louverture.
V. de Laprade. Psyché.
Th. Lavallée. Hist. de Paris, 2 v.
J. Lecomte. Poignard de Cristal.
J. de la Madelène. Âmes en peine.
F. Mallefille. Capitaine La Rose. Marcel. Mém. de Don Juan, 2 v. Monsieur Corbeau.
X. Marmier. Au Bord de la Newa. Drames intimes. Grande Dame russe.
F. Maynard. De Delhi à Cawnpore. Drame dans les mers boréales.
Méry. Hist. de Famille. Salons et Souterrains de Paris. André Chénier. Nuits anglaises. Nuits italiennes. Nuits espagnoles. Nuits d'Orient. Château vert. Chasse au Chastre.
P. Meurice. Scènes du Foyer. Tyrans de Village.
P. de Molènes. Mém. d'un Gentilh. du siècle dernier. Caract. et récits du temps. Chron. contemp. Hist. intimes. Hist. sentim. et milit. Avent. du temps passé.
F. Mornand. Vie arabe. Bernerette.
H. Murger. Dernier Rendez-vous. Pays Latin. Scèn. de Campagne. Buveurs d'eau. Vacances de Camille. Roman de toutes les Femmes. Scèn. de la Vie de Bohème. Propos de ville et propos de théâtre. Scèn. de la vie de jeunesse. Sabot rouge. Madame Olympe. Amoureuses.
P. de Musset. Lavolette. Puylaurens.
A. de Musset, de Balzac, G. Sand. Tiroir du Diable. Paris et Parisiens. Parisiennes à Paris.
Nadar. Quand j'étais Étudiant. Miroir aux Alouettes.
Gérard de Nerval. Bohême galante. Marquis de Fayolles. Îles du Feu. Souvenirs d'Allemagne.
Charles Nodier (*Trad.*). Vicaire de Wakefield.
P. Perret. Bourgeois de campagne. Avocats et meuniers.
Amédée Pichot. Poëtes amoureux.
E. Plouvier. Dernières Amours.
Edgard Poe (*Trad. Baudelaire*). Hist. extraordinaires. Nouv. hist. extraordinaires. Aventures d'A. Gordon-Pym.
F. Ponsard. Études antiques.
A. de Pontmartin. Cont. et Nouv. Mém. d'un Notaire. Fin du Procès. Contes d'un Plant. de choux. Pourq. je reste à la Campagne. Or et Clinquant.
M. Radiguet. Souvenirs de l'Amérique espagnole.
H. Révoil (*Traducteur*). Harems du Nouv. Monde. Docteur américain.
L. Reybaud. Dernier des Commis-Voyag. Coq du Clocher. Indust. en Europe. Jérôme Paturot, Position sociale. Jérôme Paturot, République. Ce qu'on peut voir dans une Rue. Comtesse de Monléon. Vie à rebours. Vie de Corsaire. Vie de l'Employé.
A. Rolland. Martyrs du Foyer.
Ch. de La Rounat. Comédie de l'Amour.
J. de Saint-Félix. Scènes de la Vie de Gentilhomme.
J. Sandeau. Sacs et Parchemins. Nouvelles. Catherine.
G. Sand. Histoire de ma Vie, 10 v. Mauprat. Valentine. Indiana. Jeanne. Mare au Diable. Petite Fadette. François le Champi. Teverino. Consuelo, 3 v. Comt. de Rudolstadt, 2 v. André. Horace. Jacques. Lélia, 2 v. Lucrezia Floriani. Péché de M. Antoine, 2 v. Lettres d'un Voyageur. Meunier d'Angibault. Piccinino, 2 v. Simon. Dernière Aldini. Secrétaire intime.
E. Scribe. Théâtre, 20 v. Nouvelles Historiet. et Prov. Piquillo Alliaga, 3 v.
Alb. Second. À quoi tient l'Amour.
Fr. Soulié. Mém. du Diable, 2 v. Deux Cadavres. Quatre Sœurs. Conf. générale 2 v. Au Jour le Jour. Marguerite. Maître d'école. Bananier. Eulalie Pontois. Si Jeun. savait... si Vieill. pouvait, 2 v. Huit jours au Château, Conseiller d'État. Malheur complet. Magnétiseur. Lionne. Port de Créteil. Comt. de Monriou. Forgerons. Été à Meudon. Drames inconnus. Maison n° 3 de la r. de Provence. d'un Cadet de Famille. Amours de Bonsenne. Olivier Duhamel. Chât. des Pyrénées, 2 v. Rêve d'Amour. Diane et Louise. Prétendus. Cont. pour les enfants. Quatre époq. Sathaniel. Comte de Toulouse. Vicomte de Béziers. Saturnin Fichet, 2 v.
E. Souvestre. Philos. sous les toits. Confess. d'un Ouvrier. Coin du Feu. Scènes de la Vie intime. Chron. de la Mer. Clairières. Scèn. de Chouannerie. Dans la Prairie. Dern. Paysans. En Quarantaine. Scèn. et Récits des Alpes. Goutte d'Eau. Soirées de Meudon. Échelle de Femmes. Souv. d'un Vieillard. Sous les Filets. Contes et Nouv. Foyer breton, 2 v. Dern. Bretons, 2 v. Anges du Foyer. Sur la Pelouse. Riche et Pauvre. Lettres de Jeunesse. Réprouvés et Élus, 2 vol. En Famille. Pierre et Jean. Deux Misères. Pendant la Moisson. Bord du Lac. Drames parisiens. Sous les ombrages. Mât de cocagne. Mémorial de Famille. Sous qu'un Bas-Breton, 2 v. L'Homme et l'Argent. Monde tel qu'il sera. Histoires d'autrefois. Sous la tonnelle. Théâtre de la Jeunesse.
Marie Souvestre. Paul Ferroll, traduit de l'anglais.
D. Stauben. Scènes de la Vie juive en Alsace.
De Stendhal. L'Amour. Rouge et Noir. Chartreuse de Parme. Promen. dans Rome, 2 v. Chroniq. italiennes. Mém. d'un touriste, 2 v. Vie de Rossini.
Mme B. Stowe (*Trad. Forcade*). Souvenirs heureux, 3 v.
E. Sue. Sept Péchés capitaux : L'Orgueil. L'Envie. Colère. Luxure. Paresse, 2 v. Avarice. Gourmandise. Gilbert et Gilberte, 3 v. Adèle Verneil. Grande Dame. Clémence Hervé.
E. Texier. Amour et Finance.
L. Ulbach. Secrets du Diable.
O. de Vallée. Maniers d'argent.
A. Vacquerie. Profils et Grimaces.
M. Valrey. Marthe de Montbrun. Filles Dot.
F. Wey. Anglais chez eux. Londres il y a cent ans.
*** Mme la duchesse d'Orléans.
*** Zouaves et Chasseurs à pied.

PARIS. — IMPRIMERIE DE ÉDOUARD BLOT, RUE SAINT-LOUIS, 46.

www.ingramcontent.com/pod-product-compliance
Lightning Source LLC
Chambersburg PA
CBHW071253160426
43196CB00009B/1273